# 粤桂合作特别试验区

## 体制机制改革创新研究

汪同三 主编

中国社会科学出版社

# 图书在版编目（CIP）数据

粤桂合作特别试验区体制机制改革创新研究／汪同三主编. —北京：中国社会科学出版社，2018.8

ISBN 978-7-5203-2753-4

Ⅰ.①粤… Ⅱ.①汪… Ⅲ.①区域经济合作—经济开发区—体制改革—研究—广东、广西 Ⅳ.①F127.65②F127.67

中国版本图书馆 CIP 数据核字（2018）第 146946 号

| | |
|---|---|
| 出 版 人 | 赵剑英 |
| 责任编辑 | 黄 晗 |
| 责任校对 | 石春梅 |
| 责任印制 | 王 超 |

| | |
|---|---|
| 出　　版 | 中国社会科学出版社 |
| 社　　址 | 北京鼓楼西大街甲 158 号 |
| 邮　　编 | 100720 |
| 网　　址 | http://www.csspw.cn |
| 发 行 部 | 010-84083685 |
| 门 市 部 | 010-84029450 |
| 经　　销 | 新华书店及其他书店 |

| | |
|---|---|
| 印　　刷 | 北京君升印刷有限公司 |
| 装　　订 | 廊坊市广阳区广增装订厂 |
| 版　　次 | 2018 年 8 月第 1 版 |
| 印　　次 | 2018 年 8 月第 1 次印刷 |

| | |
|---|---|
| 开　　本 | 710×1000　1/16 |
| 印　　张 | 13.75 |
| 插　　页 | 2 |
| 字　　数 | 168 千字 |
| 定　　价 | 58.00 元 |

凡购买中国社会科学出版社图书，如有质量问题请与本社营销中心联系调换
电话：010-84083683
版权所有　侵权必究

# 序 一

改革开放以来，区域经济发展是中国宏观经济增长的主要基础和支撑。回顾中国区域发展政策的历史轨迹，可以概括为三个阶段。第一阶段是改革开放之初，以建立经济特区及沿海开放港口城市为政策导向的点状区域发展政策。那时，我们设立了珠海、深圳、汕头和厦门4个经济特区，以及由北至南的14个沿海港口开放城市，后来又实现了海南建省，进一步设立中国最大的经济特区，以及后来的上海浦东新区、天津滨海新区。这些区域发展政策的特点是以点的发展为中心，一方面是实验和观察改革和对外开放政策效果，一方面是促进当地经济快速发展，起到以点带面实现带动更大区域发展的效果。以后的一些陆路边境开放经济特区和自贸区政策都是这类以点带面发展的区域政策的创新模式。第二阶段是20世纪90年代相继提出的东部率先发展、西部大开发、振兴东北等老工业基地、中部崛起的区域发展政策，这是针对具有相似经济及地理特点的区域经济发展提出的综合政策，具有归并同类项的特点，对不同的大区域制定不同的政策，从国家宏观层面对具有相似特点的各省市自治区的发展进行分类指导和促进。第三阶段，是党的十八大以来形成的"一带一路"、长江经济带、京津冀协同发展三大政策。这三大政策的核心是全面深化改革开放，实现区域的有机协同合作发展，是强调大局观，实现优势互补，打破行政区划限制，充分体现十八届五中全会提出的改革、协调、开放、绿色、共享五大理念，使我们的区域发展政策上升到一个全新的水平。

从党的十八大以来中央提出的三大区域发展政策的覆盖面来看，"一带一路"覆盖全国，并涉及境外沿线国家，长江经济带涵盖了沿长江的11个省市，京津冀协同发展主要在华北地区京津冀行政区域内。在"十三五"规划中，有关长江以南广大地区的区域发展政策主要体现在"泛珠"和"珠江—西江经济带"等国家级政策上。国务院在关于珠江—西江经济带发展规划的批复中明确指出，"加快珠江—西江经济带开放发展，事关国家改革开放和区域协调发展大局"。要求相关地区要"抓住机遇、开拓创新、加强合作、狠抓落实，推动珠江—西江经济带科学发展，为全面建成小康社会、实现中华民族伟大复兴的中国梦作出贡献"。

广东和广西两省（区）于2012年十八大以后批准设立的粤桂合作特别试验区，正是党的十八大以来我国区域发展政策强调合作协调发展的产物，同时又是狠抓落实珠江—西江经济带发展规划的具体体现。人们期望粤桂合作特别试验区的诞生和发展，不仅可以极大促进两省（区）相关地市的经济合作与发展，而且可以进一步有效促进两省（区）的全面合作实现互利共赢，进而促进珠江—西江经济带发展规划的落实和珠江—西江流域的经济社会发展，更能为全国的区域合作协同发展探索新的模式，创造新的经验。

从粤桂合作特别试验区酝酿成立算起，至今不过短短的8年，但粤桂合作特别试验区已从一个呱呱坠地的婴儿成长为一名光彩鲜亮的少年。仅以实际投入开发的第二年2016年为例，完成工业产值180亿元，增长18%；完成固定资产投资65亿元，增长30%；招商引资到位资金66亿元，增长30%以上。成绩骄人，不愧为"粤桂速度"。总结粤桂合作特别试验区发展经验，大致可以概括出如下几条：

第一，认真学习和坚决贯彻习近平系列治国理政新理念新思想新战略，把试验区建设放在中国经济发展进入新常态的大背景之下，以供给侧结构性改革为指导，结合试验区的具体工作，坚持发展是解决中国一切问题的基础和关键，坚持发展是硬道理的战略思想，为中国梦的实现添砖加瓦，贡献自己的不懈努力。

第二，广东和广西两省（区）领导和有关地市和有关部门的大力指导、支持和帮助。两省（区）领导同志多次亲临试验区现场，指导工作，解决问题。特别是粤桂合作特别试验区体制机制改革创新"1+3配套文件"等一系列政策文件的出台，给试验区的先行先试工作奠定了基础，开辟了道路。

第三，试验区坚持以体制机制创新为核心竞争力，积极争取实现体制机制创新的政策支持，充分利用国家和省（区）的政策支持，不断夯实新优势。几年来初步实现了广东片区和广西片区的统一管理，并加快向试验区统一管委会的过渡。

第四，完善发展规划，狠抓基础建设，加强科学管理，调动多方积极性。试验区在实际工作中，既坚持原则性，又体现充分的灵活性，创造和积累了很多既有创新性又行之有效的园区发展和管理经验。试验区在体制机制创新、深化要素改革和加强管理科学化方面的努力，不仅当前取得积极效果，而且有利于未来发展。

第五，试验区工作人员，特别是试验区领导班子的艰苦奋斗的创业精神和顽强拼搏的工作作风是试验区取得成绩的一个主要方面。他们对工作高度负责，理解自己事业的重要性而忘我，不惜牺牲个人利益而无私，发挥共产党员的先锋模范作用，因而工作效率高、成绩十分明显。这是试验区取得成绩的不可或缺的一项保证。

2017年，试验区管委会委托我对试验区发展三年来的体制机制建设经验和问题以及下一步的改革发展问题做一点更深入的研究。为此，我联系了几位有志于此的同志，撰写了5篇论文，编纂成书，分别就不同侧重点、从不同角度对试验区的经验做了研究总结。

为方便阅读，使读者对全书概貌有个大致的了解，以下依次对各篇论文内容做一简单介绍。

第一篇论文为冯烽同志撰写的《贯彻落实国家区域协调发展战略，加快推进粤桂合作特别试验区建设》。为了在更为宏观的背景下考察粤桂合作特别试验区的发展建设，这篇论文系统回顾了从"一五"时期至中国共产党十九大中国区域经济发展战略的演变，较全面地梳理了国内外区域经济合作的经验，特别是展示了近年来国内区域经济合作取得的最新进展。在上述基础上，文章对粤桂合作特别试验区的意义、经验进行了总结，并对试验区未来发展及面临的一些问题提出了希望和建议。第二篇是吴青同志撰写的《粤桂合作特别试验区体制机制问题研究》。文章从试验区的建设情况、存在的问题和相应的对策及建议三个方面就试验区体制机制问题展开了研讨，重点对试验区管理体制机制存在的问题及由此引发的试验区发展问题进行了分析，并提出了相应的政策与建议。第三篇是张家寿同志撰写的《粤桂合作特别试验区升级发展的理性思考与对策建议》。文章认为，随着经济发展进入新常态，粤桂合作特别试验区发展也面临转型升级、动能转换和结构性调整问题。因此，要以党的十九大精神为指导，按照"创新、协调、绿色、开放、共享"的新发展理念，不断推动粤桂合作特别试验区升级发展。文章分析了推动粤桂合作特别试验区升级发展的种种客观要求和所面临的升级发展形势，对粤桂合作特别试验区发展的经验进行了总结，并就粤桂合作特别试验区升级发展面临的困难及存在的主要问题做出了分析，最后对如何推动粤桂合作特别试验区升级发展提出了对策建议。第四篇论文是赵京兴同志撰写的《粤桂合作特别试验区管理体制解析》。美国的特别区（special district）建制已有一百多年的历史，文章借鉴了美国的特别区经验，并以改革开放以来中国经济开发区的实践为基础，参照中国的行政区划理论，从理论高度对粤桂合作特别试验区的性质提出了新的认识。认为经济开发区本身就是中国条件下的特别区（special district），而作为开发区一种特殊形式的粤桂合作特别试验区由于其跨省界的特殊性而具有了更为典型的特别区性质，进而在此基础上对试验区的管理体制按照特别区管理的要求进行了分析。最后一篇即第五篇论文是吴杰同志撰写的《基于现代超级计算机技术的智能化经济复杂系统研究平台的构建与在区域经济中的应用》。2016年9月，广州市长程公司与粤桂合作特别试验区签订了《共建粤桂（中国）国民经济运行仿真中心协议》，拟在试验区建设经济学仿真实验室，借助现代计算机技术，依托社会经济系统仿真模型（简称SED模型），建立一个类似日常生活领域的"天气预报系统"那样的经济预测平台，为试验区乃至两广的科学决策服务。本文系统介绍了SED模型的建模理论、模型的基本构成以及至今取得的研究进展和主要应用案例。

  以上论文的排序基本是按照认识自身的内在逻辑安排的。由于吴杰同志《基于现代超级计算机技术的智能化经济复杂系统研究平台的构建与在区域经济中的应用》一文具有的特殊性，所以放在了最后。

  不久前，在党的十九大即将召开的时候，试验区提出"将粤桂合作特别试验区的改革创新进行到底"的口号，体现了试验区人把试验区工作推向更高水平的决心和意志。我们祝愿试验区不仅能够圆好试验区100平方公里创新发展之梦，而且能以自己的努力为中国区域经济协调发展创造出有益的经验和模式，与全国人民共圆全面建成小康社会的中国梦。

中国社会科学院学部委员<br/>汪同三<br/>2018年4月

# 序　二

粤桂合作特别试验区（以下简称试验区）是国家区域发展战略珠江—西江经济带的重要组成部分，位于广东省肇庆市和广西壮族自治区梧州市交界处，面积140平方公里，广东、广西各70平方公里。试验区由粤桂两省（区）共建，于2014年10月启动建设，是中国唯一的横跨东西部省际流域合作试验区。试验区经过3年实践，以"合作"为纲谋划发展思路，凸显区域经济一体化；由"特别"催生区位制度优势，培育区域核心竞争力；以"试验"探路先行先试，为国家区域合作探索和积累可复制可推广的经验，初步实现了"3年打基础、5年上规模"的阶段性目标，积累了进一步发展的宝贵经验。

为巩固改革创新的成果，深入践行习近平新时代中国特色社会主义思想，试验区管委会委托试验区专家咨询委员会主任委员、中国社会科学院学部委员、中国社会科学院数量经济与技术经济研究所前所长汪同三教授组织人力对试验区三年来的经验特别是体制机制创新经验进行研究。摆在读者面前的这本文集就是这一研究的初步成果。汪同三教授嘱我为文集写一篇序，借此机会我把2014年以来试验区的发展做一扼要介绍，或许对深入理解本书是有益的。

自启动建设以来，试验区主要做了以下五个方面的工作：

一是创新体制机制。试验区实行"两省区领导、市为主体、独立运营""统一规划、合作共建、利益共享、责任共担""东西部及两广政策叠加、择优选用、先行先试""市场化运作、合力发展""一体化、同城化、特区化"的特别机制，建立了广东广西推进珠西经济带发展规划实施联席会议、肇梧两市市长联席会议、试验区管委会和开发建设公司四层管理运营架构；试验区按照"人员对等派驻、统一管理"的原则，组建联合统一的管委会，主任实行届任制，每届五年，由两省（区）轮流派任，目前管委会以"四统四分"管理方式（统一领导、分园区落实；统一招商、分产业落户；统一统计、分口径使用；统一政策、分园区管理）统筹管理。

二是推动要素改革。试验区打破了行政区划的制约和利益的藩篱，有效地推进了生产要素的改革，形成了独特的"粤桂方案"，激发了试验区的活力，迅速使试验区成为企业家投资的热土，并推动周边地区教育、医疗、交通等公共服务融合共享，两广合作成果普惠两地群众。目前，试验区工业用地市场化配置改革、国家增量配电业务改革、行政审批体制改革、人事管理体制改革、财政金融体制改革等多项改革有序推进，广西壮族自治区党委、政府关于《粤桂合作特别试验区体制机制改革创新总体工作方案》和三个配套文件中赋予试验区广西片区行政管理、财政金融、土地管理和开放合作等九大方面的体制机制创新权限也在有效落实。试验区通过"经停挂靠""前店后厂""前台后台""区区合作、港港联运""园中园"市场化开发等开放合作模式与珠三角建立协作关系，最大程度地进行有效的资源配置；通过遴选制、助理制、委员制、专员制等人才管理模式，组建专家咨询委员会、产学研联盟等，加快智库建设等，为试验区增添源源不绝的动力。

三是加快产业集聚。试验区构建了"一主两拓多组团""三大基地""六大产业"的功能定位和产业布局，基本形成电子信息、节能环保、食品医药以及林产林化、高端装备制造、新材料等产业集群，加工贸易重点园区、军民融合创新产业园、中国东盟环保技术与产业交流合作合作示范基地、CEPA先行先试示范基地、两广现代服务业集聚区、两广金融改革创新综合试验区等一批产业发展平台初步成形。包括中兴、比亚迪、大华、国光等一批知名企业纷纷进驻试验区，比亚迪运营中心、碧清源纳米膜环保制造、航天北斗超电容、东雷锂霸等一批项目先后投产运营。

四是完善基础设施。试验区四大片区累计完成征地5万多亩，平整土地2万亩，各片区主干道、码头、管网等基础设施加速完善，西江干流3000吨级航道整治、粤桂大桥、滨江大道、江北大道等试验区内跨省交通项目加快推进，基本建成和在建道路25条，累计51公里。基础设施投资三年累计完成126亿元，试验区"内联外通"交通网络有效构建，基础设施共建共享，粤桂交通互联互通呈现新格局。

五是促进生态保护。试验区出台了产业十大禁投清单，强化绿色低碳发展，建设中国—东盟环保技术与产业合作交流示范基地等生态发展平台，打造中国绿色"O谷"，实施界河生态治理，强化开发地区生态修复，拒绝不符合产业发展方向的投资30多亿元。建立了联合环境监控预警及应急指挥中心，开展流域生态联防联控行动，西江干流两广省界断面水质保持在Ⅱ类以上。

"粤桂方案"，潺潺新声，形成珠江西江经济带新增长极。三年来，试验区招商引资累计到位资金209亿元，固定资产投资累计达到210亿元，入园重点企业达到329家，主要经济指标保持两位数增长。2017年，完成工业总产值205.1亿元，固定资产投资100.3亿元，为三年"大考"交上了一份较为满意的答卷。

党的十八大以来，习近平总书记深刻洞悉经济全球化背景下中国在社会主义初级阶段的经济发展实践，以"四个伟大"书写时代新篇章，形成以中国梦为目标、以"五位一体"总体布局和"四个全面"战略布局为关键、以五大发展理念为引领、以增进人民福祉为根本的治国理政新理念新思想新战略，特别是党的十九大以来习近平新时代中国特色社会主义思想体系的形成，正在引领中国经济社会发展经历一场深刻变革。

试验区在这场深刻变革的实践中，牢牢把握新的历史方位，以改革创新为主线，以"融入两湾（大湾区、北部湾）、对标雄安"为坐标，正在实现从"粤桂方案"向"试验田"转变、从"打基础"向"上规模"转变、从"行政主导"向"市场化、法治化、国际化"转变，是贯彻落实国家在区域发展战略的全新部署和战略重点的具体行动和生动实践。

汪同三、赵京兴、张家寿、吴杰、冯烽、吴青等专家为此付出了艰辛努力与探索，在此一并衷心感谢！

是以为序。

广西梧州市副市长，粤桂合作特别试验区
党工委书记、管委会主任
徐文伟
2018年5月

# 目录

贯彻落实国家区域协调发展战略,加快
　推进粤桂合作特别试验区建设
　　　………………………………… 冯　烽/1

粤桂合作特别试验区体制机制问题研究
　　　………………………………… 吴　青/53

粤桂合作特别试验区升级发展的理性
　　思考与对策建议
　　　………………………………… 张家寿/67

粤桂合作特别试验区管理体制解析
　　　………………………………… 赵京兴/115

基于现代超级计算机技术的智能化经济
　　复杂系统研究平台的构建与在区域
　　经济中的应用
　　　………………………………… 吴　杰/143

# 贯彻落实国家区域协调发展战略，加快推进粤桂合作特别试验区建设

冯 烽[*]

区域经济发展问题是世界各国尤其是大国在经济发展过程中必须积极应对和妥善解决的一个重大战略问题。中国疆域广、人口多、地区发展基础差异大，各地区的发展路径各具特色，逐步形成多样化、地域化的区域经济发展模式。经过多年的探索与发展，中国区域经济发展经历了从均衡发展到非均衡快速发展、再从非均衡快速发展到较好较快协调发展的变迁历程。随着中国综合国力的上升，中国的国际影响力与日俱增，中国的区域经济发展模式与发展经验受到世界各国前所未有的关注。回首过去，中国在不同的时期阶段区域经济发展的模式与演化脉络如何，值得总结；展望未来，新时代下过去的区域经济发展模式是否仍然适用？未来区域经济发展模式该如何创新？这些问题值得着力研究。

纵观新中国成立以来的经济发展历程，从中华人民共和国成立初期一穷二白的薄弱经济基础到现今位居经济大国之列，国家整体

---

[*] 冯烽，中国社会科学院数量经济与技术经济研究所副研究员。

国际竞争力显著提高，用短短数十年缔造了中国奇迹，形成了举世瞩目的中国模式。以区域规划和统筹区域发展为核心内容的区域发展观自始至终是中国经济模式的一个重要组成部分。因为极度缺乏经济建设经验，中华人民共和国成立初期在百废待兴的国土上选择了统筹区域发展的道路，五年经济计划、重点区域开发、重大项目建设、六大行政区、七大协作区、"三线"建设、两个大局等等，每一次都有浓厚的区域规划思想蕴含其中，积累了甚为丰富的"计划区域经济"经验与教训。改革开放后，经济建设的快速发展和社会制度的逐步完善，区域经济政策开始注入"市场"的血液，区域经济开始了非均衡快速发展的新阶段，经济特区、沿海开放、开发区、长三角、珠三角等，无一不在区域经济发展中发挥着举足轻重的作用。进入 21 世纪后，西部开发、中部崛起、东北振兴、新区规划、城乡配套综合改革实验区、生态经济区……都在续写着中国特色区域经济发展的创新与深化。这些区域经济发展模式的实践与探索为坚持走中国特色社会主义道路积累了宝贵的经验，更为开创中国经济模式奠定了坚实的基础。

随着中国经济步入新常态，经济增长从高速转为中高速，从规模速度型粗放增长转向质量效率型集约增长，从要素投资驱动转向创新驱动，既有的区域经济发展模式需要适应"新常态"，中国亟待升级区域发展战略，在国际（尤其是周边国家）和国内两个层面上实现区域协同发展，这是中央将"一带一路"、京津冀协同发展与长江经济带并列为国家三大战略的重要背景。党的十八大以来形成的"一带一路"、长江经济带、京津冀协同发展三大政策的核心是全面深化改革开放，实现区域的有机协同合作发展，是强调大局观，实现优势互补，打破行政区划限制，充分体现党的十八届五中全会提出的改革、协调、开放、绿色、共享五大理念，使中国的区域发展政策上升到一个全新的水平。从党的十八大以来中央提出的三大区域发展政策的覆盖面来看，"一带一路"覆盖全国，并涉及境外沿线国家，长江经济带涵盖了沿长江的11个省市，京津冀协同发展主要在华北地区京津冀行政区域内。在"十三五"规划中，有关长江以南广大地区的区域发展政策主要体现在"泛珠"和"珠江—西江经济带"等国家级政策上。国务院在关于珠江—西江经济带发展规划的批复中明确指出，"加快珠江—西江经济带开放发展，事关国家改革开放和区域协调发展大局"。要求相关地区要"抓住机遇、开拓创新、加强合作、狠抓落实，推动珠江—西江经济带科学发展，为全面建成小康社会、实现中华民族伟大复兴的中国梦作出贡献"。广东和广西两省（区）于2012年党的十八大以后批准设立的粤桂合作特别试验区，正是体现了党的十八大以来中国区域发展政策强调合作协调发展的导向精神，同时又是狠抓落实珠江—西江经济带发展规划的具体体现。

在全面建成小康社会决胜阶段、中国特色社会主义进入新时代的关键时期，习近平总书记在党的十九大报告中重新定义了中国社会的主要矛盾——"人民日益增长的美好生活需要和不平衡不充分的发展之间的矛盾"，抓住了解决一切发展问题的"总开关"。为了实现"两个一百年"奋斗目标、实现中华民族伟大复兴的中国梦，习近平总书记在党的十九大报告中明确把"实施区域协调发展战略"作为"贯彻新发展理念，建设现代化经济体系"的六大重要举措之一。粤桂合作特别试验区的建设无疑是"建立更加有效的区域协调发展新机制"的先行典范。

粤桂合作特别试验区自2014年启动建设以来，"粤桂人"筚路蓝缕，克服了诸多困难，在完善体制机制创新、推进发展要素改革、扩大开放合作水平、加速重点产业聚集等方面取得了重大突破，两地民生福祉明显提高，为跨省（区）区域经济合作模式积累了宝贵的经验，也为中国探索新时代的区域协调发展新机制树立了典型。作为中国唯一的跨东西部、跨省际、跨流域的试验区，建设粤桂合作特别试验区，在实践上，可为推进东、西部的区域合作发展提供"粤桂方案"；在理论上，是对中国特色社会主义区域经济发展理论的深化与丰富。

## 一 中国区域经济发展战略的演进

中国幅员辽阔，各地区在资源禀赋、经济基础、技术水平等诸多方面存在很大的差异，地区之间的经济发展极不平衡。如何处理好地区发展的效率与均衡问题，历来是中国在制定经济发展政策所需要考虑的一个重要内容。本章对中华人民共和国成立以来中国的区域经济发展政策进行梳理，旨在明晰中国区域经济发展政策的演变路径。

### （一）以扭转沿海内地工业布局严重失衡为目标的平衡发展阶段（1950—1979年）

中华人民共和国成立以前，由于受帝国主义、封建主义和官僚资本主义的压迫和剥削，社会生产力受到了严重的阻碍，旧社会的经济处于极端落后的状态，工业基础薄弱，生产水平低下，经济发展极不平衡。中华人民共和国成立后，为了集中力量进行工业化建设，发展社会主义经济，同时为了扭转经济发展区域的不平衡和工业布局的不协调，新中国在"一五"时期（1953—1957年）集中主要力量，进行以苏联帮助中国设计的156个建设项目为中心、由限额以上的694个大中型建设项目组成的工业建设。值得注意的是这156个建设项目中，投入到东北三省的为56个，其余100个项目主要分布在陕西、甘肃、四川等西部省份和山西、河南等中部省份，目的是通过平衡工业布局来改变旧社会由于殖民地半殖民地历史原因所致的地区生产力发展不平衡的问题。

以毛泽东同志为核心的党的第一代中央领导集体在解放初期实施的区域经济平衡发展战略有其深刻的历史原因和时代背景。一是在解放前，外国人为了运输方便多投资于沿海口岸的城市，中国的工业为了取得外国人的庇护或依赖于外国人控制的交通和原料，也大量集中于沿海城市，造成了中国的工业主要集中在沿海省市，工业布局和生产力极不均衡；二是在中华人民共和国成立之初，以美国为首的西方国家对中国采取政治上敌视、军事上包围、经济上封锁的政策，中国的国家安全面临严重威胁，"三五"时期，毛泽东同志强调要把建设重点放在战略后方的大西南、大西北地区。因此，中国从生产力合理布局和国防安全的考虑出发，对区域经济发展在较长时期内强调内地"三线"建设，希望能够缩小东部与中西部经济发展中的差距，使沿海与内地经济发展相对平衡。毛泽东同志在1956年对第一个五年计划前几年的工作进行的总结报告《论十大关系》中指出，"我国的工业过去集中在沿海。所谓沿海，是指辽宁、河北、北京、天津、河南东部、山东、安徽、江苏、上海、浙江、福建、广东、广西。我国全部轻工业和重工业，都有约百分之七十在沿海，只有百分之三十在内地。这是历史上形成的一种不合理的状况。沿海的工业基地必须充分利用，但是，为了平衡工业发展的布局，内地工业必须大力发展。在这两者的关系问题上，我们也没有犯大的错误，只是最近几年，对于沿海工业有些估计不足，对它的发展不那么十分注重了。这要改变一下"。毛泽东同志这一阐述是全面的、辩证的，既明确指出了发展重点放在内地，也认识到利用和发展沿海工业（特别是轻工业）支持内地工业的发展，这也为改革开放后发展沿海城市奠定了重要的理论基础。

1958年"大跃进"运动开始，国民经济各项比例关系严重失调，中间虽然经过调整初步好转，但因"文化大革命"，使得经过调整已经改善的国民经济又遭重创，国民经济遭到严重的破坏，甚至在1976年"国民经济濒临崩溃的边缘"。直至1978年改革开放时止，除第一个五年计划外，中国始终没有制订出一个正式的五年计划。

### （二）以"经济特区"为体制改革突破口的点状发展阶段（1980—1998年）

"文化大革命"后百废待兴，急需大量投资，同时新的经济工作失误又加大了增支因素，导致了巨额财政赤字。这从客观上推动了经济体制改革；1978年安徽省凤阳县小岗村18位村民开创的家庭联产承包责任制成效喜人，这为后续"分灶吃饭"的"分级包干"的财政体制改革提供了重要的经验参考。从1980年起国家对省、市、自治区实行"划分收支、分级包干"的财政体制。这次财政体制改革的目的，一是希望扩大地方财权，为地方注入活力，调动地方发展经济的积极性；二是希望增强地方政府增收节支的积极性，承担起财政平衡的一部分责任。

这一阶段始于深圳经济特区的成立，当时中国正处于"以经济建设为中心"的关键时点，深圳经济特区作为中国改革的"试验田"与对外开放的"窗口",其肩负着"先行先试,为中国改革开放积累经验"的历史使命。

1980年设立深圳、珠海、汕头和厦门四个经济特区获得极大的成功后,1988年又诞生了海南经济特区。作为经济特区的延伸,1984年开放大连、秦皇岛、天津、烟台、青岛、连云港、南通、上海、宁波、温州、福州、广州、湛江、北海等14个沿海城市并于次年扩大为沿海经济开放区。1990年开发、开放上海浦东新区,在浦东新区实行经济技术开发区和某些经济特区的政策。1991年又开放了13个内陆边境城市、5个沿江城市和所有内陆省会城市。2010年设立新疆喀什经济特区。

经济特区是这一阶段区域经济发展的重要形式,这一阶段中国由"以经济特区为重点"逐渐延伸至"沿海沿江沿边城市优先发展"的"由点到线"经济发展策略。

## (三) 以"西部大开发"为区域统筹战略的板块发展阶段(1999—2004年)

20世纪80年代财政体制改革实行的"分灶吃饭"在调动地方组织财政收入方面起过积极的作用,但由"分灶吃饭"沿袭而来的地方利益格局,也造成经济发展方式粗放,各地片面追求GDP,同时也造成公共服务地区差距悬殊,难以实现均等化。经济特区在经历了20年高歌猛进式的发展后,远远超过内陆城市的经济发展,加剧了地区经济发展不平衡、东中西部经济水平不协调的局面。更重要的是,由于当时资源税费体制不完善,导致了税源与税收不统一,使相当一部分税收从经济不发达地区的税源地流向发达地区,中西部税收更多地流向了东部,不利于民族团结。进入21世纪后,中央开始考虑地区经济协调发展的问题，中国区域经济政策进入到促进区域协调发展的新阶段。

2000年"西部大开发"战略的提出标志着中国进入区域统筹协调发展的阶段。在这一阶段，党中央提出了"西部大开发""中部崛起""振兴东北老工业基地""东部率先发展"等重大战略。"西部大开发"战略主要是对西部12省（区）加强基础设施建设和生态环境建设，着力建设青藏铁路、西气东输、西电东送等重点工程，实施退耕还林、天然林保护、"三北防护林"和防沙治沙工程；"中部崛起"战略是发挥区位和资源优势，特别是人力资源优势，积极培养新的经济增长点，及时实现中部地区经济崛起；"振兴东北老工业基地"战略支持东北地区等老工业基地加快调整和改造，支持以资源开采为主的城市和地区发展持续产业，创造一个"新东北时代"。

这一阶段的区域规划几乎涵盖了中国所有地区，但是并不明确怎么开发、怎么合作、怎么建立长期机制进行推进，于是没有重点的全面式推进使得政策难以达到预期效果。尽管如此，这一阶段提出的区域经济协调发展系列战略仍是中国经济可持续健康发展的重要一环，并奠定了"四大板块"的区域发展格局基础。

### （四）以培育区域增长极为重点的国家级新区发展阶段（2005—2012年）

为了保持经济增长速度在比较长的时期内快于所在省（区）的总体水平，着力提升经济发展质量和规模，设立国家级新区，并将新区打造成为全方位扩大对外开放的重要窗口、创新体制机制的重要平台、辐射带动区域发展的重要增长极、产城融合发展的重要示范区。

尽管最早的国家级新区可追溯至20世纪90年代初设立的上海浦东新区，但之后设立工作停止了16年，直至2005年上海浦东新区的改革工作才重启，上海浦东新区成为了国家综合配套改革试验区。迄今，上海浦东新区为长三角乃至整个长江流域地区的经济发展提供服务、带动其发展的作用持续增强，其示范效应和外溢效应显著。2006年，国务院颁布《推进天津滨海新区开发开放有关问题的意见》，正式批准天津滨海新区成为继上海浦东新区之后的又一国家综合配套改革试验区。其定位是"依托京津冀，服务环渤海，辐射'三北'，面向东北亚"。此后陆续设立了重庆两江新区、浙江舟山群岛新区、甘肃兰州新区、广东广州南沙新区等十余个新区。

这一阶段的主要形式是打造国家级新区，国家级新区是承担国家重大发展和改革开发战略任务的综合区，其总体发展目标、发展定位等由国务院统一进行规划和审批，相关特殊优惠政策和权限由国务院直接批复，在辖区内实行更加开放和优惠的特殊政策，鼓励新区进行各项制度改革与创新的探索工作。

**（五）以全面建成小康社会为目标的区域合作协同发展阶段（2013—　）**

随着国内国际形势的变化，中国经济发展的"新常态"如期而至。面对经济增速换挡期、经济结构调整阵痛期、前期刺激政策消化期"三期叠加"的历史新阶段，旧时"自扫门前雪"式的"条块式"发展模式已经过时，中国亟待升级既有战略，在国际（尤其是周边）和国内两个层面上实现区域协同发展，这便是中共中央将

"一带一路"建设、京津冀协同发展与长江经济带发展并列为国家三大战略的重要背景。

党的十八大以来确立的"一带一路"建设、长江经济带发展、京津冀协同发展三大战略。这三大战略的核心是全面深化改革开放，实现区域的有机协同合作发展，是强调大局观，实现优势互补，打破行政区划限制，充分体现党的十八届五中全会提出的改革、协调、开放、绿色、共享五大理念，使我们的区域发展政策上升到一个全新的水平。

党的十八大后，党中央正式开启了以"一带一路"建设、京津冀协同发展、长江经济带发展三大战略为引领的区域协同发展"大棋局"。这一时期的区域政策可以分为两大类：一类是以"一带一路"建设、京津冀协同发展、长江经济带发展为代表的综合性区域规划；另一类是突出特定政策主题的改革试验区，最突出的表现是一系列的国家级新区、国家级改革试验区和区域规划的出台以及主体功能区战略的提出，改革试验区主要包括：国家综合配套改革试验区、自由贸易试验区、承接产业转移示范区、金融改革试验区。

作为"一带一路"建设的重要节点，11个自贸试验区构成了"一带一路"发展战略的重要支撑。2013年以来，中国形成"1+3+7"共计11个自贸试验区的格局：上海自贸试验区（2013年，先行试验国际经贸新规则、新标准）、广东自贸试验区（2015年，建设粤港澳深度合作示范区）、天津自贸试验区（2015年，建设京津冀协同发展高水平对外开放平台）、福建自贸试验区（2015年，对接台湾自由经济区）、辽宁自贸试验区（2017年，提升东北老工业基地发展整体竞争力和对外开放水平的新引擎）、浙江自贸试验区（2017年，东部地区重要海上开放门户示范区）、河南自贸试区（2017年，贯通南北、连接东西的现代立体交通体系和现代物流体系）、湖北自贸试验区（2017年，中部有序承接产业转移示范区、战略性新兴产业和高技术产业集聚区）、重庆自贸试验区（2017年，"一带一路"和长江经济带互联互通重要枢纽）、四川自贸试验区（2017年，西部门户城市开发开放引领区）、陕西自贸试验区（2017年，"一带一路"经济合作和人文交流重要支点）。

2014年12月，贵广、南广高铁同步全线开通运行，打通了西南中南地区东联南下、出海通边最快捷的大通道，粤桂黔三省（区）形成了4小时经济生活圈粤桂黔高铁经济带合作试验区，粤桂黔高铁经济带在产业梯度转移、科技金融服务等方面开展跨区域合作模式创新，不仅促进了区域经济的融合与发展，未来也必将成为支撑国家"一带一路"建设的战略支点和开放合作新高地。

雄安新区自2017年4月1日诞生之日起，即肩负着京津冀协同发展这一重大发展战略的伟大使命。这是以习近平同志为核心的党中央做出的一项重大的历史性战略选择，是继深圳经济特区和上海浦东新区之后又一具有全国意义的新区，是千年大计、国家大事。雄安新区将集中疏解北京非首都功能，探索人口经济密集地区优化开发新模式，调整优化京津冀城市布局和空间结构，培育创新驱动发展新引擎。

2016年9月，《长江经济带发展规划纲要》正式印发，确立了长江经济带"一轴、两翼、三极、多点"的发展新格局。"一轴"是以长江黄金水道为依托，发挥上海、武汉、重庆的核心作用；"两翼"分别指沪瑞和沪蓉南北两大运输通道，"三极"指的是长江三角洲、长江中游和成渝三个城市群，"多点"是指发挥三大城市群以外地级城市的支撑作用。

2014年7月，《珠江—西江经济带发展规划》获国务院批复，标志着珠江—西江经济带上升为国家战略。该规划对珠江—西江经济带提出了"西南中南开放发展战略支撑带""东西部合作发展示范区""流域生态文明建设试验区""海上丝绸之路桥头堡"四个战略定位。粤桂合作特别试验区是国家区域发展战略珠江—西江经济带的重要组成部分，位于广东省肇庆市和广西壮族自治区梧州市交界处，面积140平方公里，广东广西各70平方公里，由粤桂两省（区）共建，是中国唯一的横跨东西部省际流域合作试验区。试验区肩负改革使命，打破行政区划壁垒，探索"一体化、同城化、特区化"开发的全新模式，打造两广一体化发展、东西部合作发展、流域可持续发展的先行示范平台，形成珠江—西江经济带新增长极、西江流域生态共建区、省际合作机制创新区和东西部合作示范区，为国家在更大范围、更高水平、更深层次的区域合作提供"粤桂方案"，是两广贯彻落实中央精神改革创新的重要实践，也是国家在区域发展战略的全新部署和战略重点的具体体现。

2015年5月，湘赣开放合作试验区成功列入《赣闽粤原中央苏区振兴发展规划》以及《长江中游城市群发展规划》。按照总体规划、分步推进的原则，选择在湖南省醴陵市东富镇与江西省萍乡市湘东区老关镇、湖南省浏阳市大瑶镇与江西省上栗县金山镇的接壤地带规划一定区域作为启动区，集中力量建设，再逐步拓展至2省6市全境及各领域。试验区将着力推进先进装备制造、新材料、新能源、节能环保、生物医药、陶瓷、商贸物流、烟花鞭炮、文化旅游等产业合作，形成优势互补、分工协作、特色鲜明的产业集群。

从党的十八大以来中央提出的三大区域发展政策的覆盖面来

看,"一带一路"覆盖全国,并涉及境外沿线国家,长江经济带涵盖了沿长江的11个省市,京津冀协同发展主要在华北地区京津冀行政区域内。在"十三五"规划中,有关长江以南广大地区的区域发展政策主要体现在"泛珠"和"珠江—西江经济带"等国家级政策上。

国务院在关于珠江—西江经济带发展规划的批复中明确指出,"加快珠江—西江经济带开放发展,事关国家改革开放和区域协调发展大局"。要求相关地区关要"抓住机遇、开拓创新、加强合作、狠抓落实,推动珠江—西江经济带科学发展,为全面建成小康社会、实现中华民族伟大复兴的中国梦作出贡献"。广东和广西两省（区）于2012年党的十八大以后批准设立的粤桂合作特别试验区,正是体现了党的十八大以来我国区域发展政策强调合作协调发展的导向精神,同时又是狠抓落实珠江—西江经济带发展规划的具体体现。

2017年10月党的十九大报告指出:"中国特色社会主义进入新时代,我国社会主要矛盾已经转化为人民日益增长的美好生活需要和不平衡不充分的发展之间的矛盾。"当前,中国沿海和内陆城市发展不均衡、城乡发展不均衡不充分正是这个主要矛盾在发展的空间布局方面的具体体现。为此,党的十九大报告明确提出实施区域协调发展战略。这是中华人民共和国成立以来中国区域发展战略的重大提升,是中国特色社会主义新时代必须坚持的重大战略,是化解新的社会主要矛盾的重大举措,也是实现"两个一百年"奋斗目标的重大部署。

这一阶段的主要形式是设立自贸区、合作区等国家级试验区和国家级新区,战略部署更强调跨省（区）的区域经济互动与合作,跳出过去以省为单位的区域战略格局，甚至突破了原有区域政策甚至区域研究囿于国内的局限，强调内外联动，在更大的经济发展空间格局内，调动两个市场的资源。

## 二 区域经济合作的国内外经验

区域经济合作是指不同地区的经济主体，依据一定的协议章程或合同，将生产要素在地区之间重新配置、组合，以便获取最大的经济效益和社会效益的活动。区域经济合作是经济主体为了谋求经济社会利益，而促使生产要素在地区之间流动和重新组合的过程。

### （一）区域经济合作的国际模式[①]

1. 自由贸易区

自由贸易区，即两个或两个以上的国家或行政上独立的经济体之间通过达成协议，互相取消进口关税和与关税具有同等效力的其他措施，进而形成的国际经济一体化组织，其重要特征是：在一体化组织内的参与国之间，相互取消了商品贸易的障碍，成员经济体内的厂商可以将商品自由的输出和输入，真正实现了商品的自由贸易。其基本特点是，贸易壁垒只在成员之间取消，非成员不能享受同等待遇，从而形成了自由贸易区下的对内自由、对外保护的差别。另一个特点是，自由贸易区成员经济体之间没有共同对外的关税，各成员经济体之间的自由贸易，并不妨碍各成员经济体针对非自由贸易区成员或第三方采取其他的自由贸易政策。但自由贸易区

---

① 这部分主要参考了黑龙江大学沙建宇的硕士学位论文《国际区域经济合作模式的比较与评价》（2006）。

的内外差别待遇很容易造成竞争优势的扭曲。当一国与其选定的国家之间建立了自由贸易区，而在某种产品上具有比较优势的国家并未包括在其中而被排除在外时，这就意味着比较优势就有可能因国际区域经济合作的干扰而不能形成竞争优势，使资源并没有得到最优化配置，进而造成了竞争优势的扭曲。

2. 关税同盟

关税同盟，指两个或两个以上的国家或经济体通过达成某种协议，相互取消关税和关税具有同等效力的其他措施，并建立共同对外关税或其他同意限制措施的区域经济合作组织。共同对外关税的建立，标志着各成员国放弃了自己对外关税的制定权，形成了统一的排他性政策，构成了对非成员国在商品流入方面明显的差别待遇。它与自由贸易区的主要区别在于，自由贸易区在政治上简单易行，但在执行上却存在着很大困难；而关税同盟正好与之相反。这是因为在自由贸易区的情况下，非成员国可以更多地选择向区内关税水平较低的成员国出口而在关税水平高的成员国销售，这就会造成贸易向关税水平低的国家转移。而关税同盟一旦建立，关税的征收与管理就因此而变得十分容易，因各成员国的对外贸易壁垒是统一的，故对非成员国而言，无论向何处出口其缴纳的关税都是相同的，一旦货物进入，在同盟内部即可自由流动，因此执行起来比较简单便利，但是这种经济上的便利必须以成员国让渡出部分政治主权为前提，因此对于任何一个成员国来说，把自己的关税控制权拱手让给任何超国家的组织并非一件容易的事，因此其在政治上还是存在很大难度的。

3. 共同市场

共同市场是成员在实现了关税同盟目标的基础上进一步实行

服务、资本和人员自由流动的国际区域经济一体化的组织形态。这意味着成员之间不仅实现了商品和服务的完全自由流动，还实现了生产要素的区域内自由流动，而使内部市场达到统一。为了实现这种生产要素的区域内自由流动，各成员国之间要实施统一的技术标准、间接税制度和协调金融市场管理法规，正是由于各成员国在上述权利上的让渡，使一国政府干预经济的力量削弱，经济一体化组织干预经济的力量相应增强了。与此同时，在共同市场条件下的成员国与非成员国的待遇被进一步地拉大了，区域内厂商可以根据生产需要最大限度地使用共同市场内的生产要素，充分发挥资源优势，进而导致非成员国在竞争中处于更加不利的地位。

4. 经济联盟

经济联盟，即两个或两个以上的国家，在实现商品、服务、资本和人员自由流动的基础上，在各成员国经济政策进一步协调的基础上，建立的国际区域经济合作区组织，是在共同市场的基础上将超国家协调管理机制延伸至区内成员国国民经济几乎所有领域的国际区域经济一体化的组织形态。其重要特征是：成员国之间在形成共同市场的基础上，各成员国之间的财政政策、货币政策和汇率政策进一步协调，进而实现区域内货币统一，给成员国带来的贸易便利几乎如同一国内部贸易，从而使交易成本大大降低。经济联盟一方面使各成员国让渡了许多重要的权利，包括使用宏观经济政策干预本国经济运行的权利；另一方面在内部市场足够大的情况下，成员国之间经济贸易关系的加强会导致其对外部市场依赖性的减弱，从而进一步强化了内部市场的封闭性，对共同体内部形成自由市场经济，推动经济快速发展，发挥重要的作用。

5. 完全经济一体化

完全经济一体化，即两个或两个以上的国家或经济体通过达成某种协议，在实现经济联盟的基础上，经济制度、政治制度和法律制度进一步协调，甚至统一的国际经济一体化组织，它是国际区域经济合作的最高形态，到目前为止世界上还无此类经济合作组织出现。它意味着最终形成了一套放大至区域尺度的"国民经济体制"，超国家的管理机构享有相当充分的国家主权，从而拥有为区内各成员国认可的经济、政治、社会等领域的立法、行政及司法权，它是一个类似于一个国家的经济一体化组织形式。

**（二）国际区域经济合作发展的一般规律**

1. 地域相邻

从地理角度来看，区域经济合作组织中的成员国要形成一个便利统一的区域市场，必须地理上临近，交通方便，运输成本低，这样对各成员国贸易的开展均十分有利，才更容易建成成员国间的统一市场。此外，地域相邻，文化习俗相近，思想观念、风俗习惯等更容易相互接受，这样不但降低了信息交流的成本，有利于信息的传递，还能够促进各成员国之间的文化交流，从文化、思想观念上为成员国间贸易的进一步开展创造便利条件。从经济角度看，地域相邻才更容易建立共同市场，方便生产要素的流通，产生规模效益。因此，地域相邻往往是区域经济合作的基础条件。

现今世界上一些重要的经济合作组织，如欧盟、东盟、非盟等都是基于此原因建立的。

2. 产业结构优势互补

除了地理上的要求之外，一个经济合作组织能否稳定地建立，还取决于成员国对一体化组织的依赖程度，这种依赖程度是由于各成员国之间的比较优势不同，并导致成员国内部进行国际分工，进而使每个国家获利。此外，由于各个国家对经济发展的模式和制度的不同选择，会使不同国家对产业发展的优先秩序不同，推动经济增长方式不同，就会造成国家间产业结构上容易实现产业互补。因此，产业结构的互补性也越来越成为区域经济合作的重要条件之一。

3. 实现参与国之间的双赢

对于经济合作组织中的各参与国来说，加入区域经济合作组织的目的就是使本国从中获得经济利益，为此各国才甘愿让渡一部分国家的主权。因此，只有各成员国之间互利互惠，实现双赢，才能使该组织得以维持稳定并不断地发展。在经济全球化加速的今天，随着国际分工的不断加快，各成员国都能够从中获得经济利益。同时，由于区域组织对区域外的排他性，即区域经济组织外的国家，不享受区域内国家的关税等方面的优惠政策，以及区域组织所采取的一系列共同的保护措施以减弱组织外国家的竞争等措施，都保证了区域组织成员国之间实现互利往往比较容易。这也是区域经济合作组织得以快速发展，各种模式的区域经济合作组织大量产生的一个非常重要的原因。

4. 完善和趋同的市场经济制度

区域合作组织各成员国之间一旦要进行经济交往，就必须要依照相互承认的经济运行规则，即市场经济规则。有了这种共同遵守的市场经济规则，生产要素的流动才能更加便利、顺畅。若各成员国之间实行的是不同的市场经济规则，或各国之间市场经济发展水平相差过大时，都不利于贸易的开展以及资源的流动。所以目前大多数建立起来的区域经济合作组织的各成员国,往往都是经济制度比较完善的国家。

5. 发达国家与发展中国家之间的优势互补

通常说来,若成员国之间经济发展水平差距过大,就会造成整个经济组织发展的不平衡,实力较弱的国家会成为该组织进一步发展的包袱,从而严重影响整个区域经济合作组织的发展速度,欧盟中的众多国家之所以反对大幅度吸纳新成员的主要原因也正是基于此点。但是事实上并不是所有的情况都是如此,当一个经济组织中既包括发达国家,又包含发展中国家时,发展中国家可以不花成本地从发达国家那里获得先进的科学技术、管理经验以及各种创新的观念。这不但有利于发挥发展中国家的后发优势推动自身经济的发展,而且也会拉近整个区域组织内各成员国之间的经济发展水平;反之,发达国家也可以在生产要素上得到补充,使其资源得以优化配置,提高其使用效率,使发达国家经济也得到了较快的发展,从而维护整个组织的稳定并推动其不断向前发展。在北美自由贸易区中,墨西哥正是借助于在同美国的经济合作中获得了较多的利益,使自身在短时间内得到了较快的发展,并且随着墨西哥经济的发展,美墨之间的贸易量不断提高,也为美国带来了更多的经济利益。与此同时,也使整个北美自由贸易区更加稳定和繁荣。

### (三) 国际区域经济合作的几种典型模式

1. 欧盟模式:高度一体化模式

欧盟是以制度为导向的一种高度一体化模式,欧洲国家的相对同一性是建立这种高度一体化模式的关键因素。欧共体成员国有着相似的历史和文化背景，经济结构和发展水平相近，贸易政策基本一致，相对容易就经济合作和一体化目标达成一致。它们追求的利益目标与利益方式比较相似，因此能够通过共同的法律契约让渡自己的主权、加强经济融合。欧盟是在《欧洲煤钢共同体条约》《罗马条约》和《马斯特里赫特条约》的基础上发展而来的，因此欧盟的高度一体化也主要是通过上述条约所规定的内容体现出来的。

第一，各成员国根据《罗马条约》建立了工业品的关税同盟。它要求各成员国自1958年1月1日起，经过12年的过渡期，逐步降低直至最后取消相互之间的关税，同时以原对外关税的平均数作为共同税率，实现对外关税的统一，并于1958年起，5年内逐步放宽相互之间的工业品进口限额，并在5年之后全部取消。尽管在关税同盟建立过程中矛盾和困难众多，但由于关税同盟的建立对内取消关税，促进了区内成员国之间的贸易，对外实行统一的关税壁垒，排斥了非成员国商品的进入，保护了各成员国国内市场，所以各成员国最终还是于1968年7月1日完成了关税同盟的建立。

第二，与关税同盟并称两大经济支柱的共同农业政策。《罗马条约》规定，自1958年起，经12—15年时间各成员国之间将建起一个没有贸易障碍的共同农业市场，同时伴之以成员国之间共同的农业政策。之所以一方面要建立共同农业市场，一方面又要出台相关的共同的农业政策，是因为西欧大陆的农业生产结构历来存在严重不足，小农户众多，无法利用规模优势。而20世纪50年代，农业在西欧各国国民经济中仍占有重要地位，因此共同农业政策的建立具有重大的经济、战略意义。自共同农业政策形成之后，随着欧共体的不断改革和调整又呈现出了一些新的特点。具体表现在：补贴和支持由价格支持变为直接收入补贴，农业政策预算费用负担由消费者转为纳税者，提高了农业支出的透明度，逐步降低补贴水平和支持力度，缩小与国家农产品价格差距，使农业支出在欧盟总预算比重中稳中有降。

第三，统一大市场的建设。由于自20世纪70年代中期起，国际经济竞争形势日趋严峻，因此欧盟为进一步曾强竞争力，继续推进一体化进程，提高地区总体经济实力，应对挑战，重振欧洲。于1985年6月在米兰提出了以实施单一市场为目标的统一大市场建设计划，并发表了有关《白皮书》。此外，为使《白皮书》能如期取得实质性进展并有法可依，1986年2月各成员国签订了《欧洲单一法令》并于7月1日正式生效。统一大市场的建立以及相关法令生效的主要目的就是消除内部障碍，建立一个无国界限制的大市场，实现商品资本、服务及人员的自由流动。经过各成员国的积极努力，于1992年年底初步建成了统一大市场，成员国间取消货物的边检、开放公共采购市场、金融市场进一步自由化、减少了限制资本自由流动的规章制度、实现公民居住地自由、高等教育学历相互认可等高度一体化的政策措施，基本上取消了阻碍各成员国之间商品、资本、服务以及人员自由流动的壁垒。特别是随着欧元的问世及正式流通，欧盟统一大市场的建设已经取得了决定性的进展，使欧盟的经济一体化程度得以不断提高和深化。

第四，欧洲经济货币联盟。在《罗马条约》签订不久，各成员国为使欧共体在国际货币及世界贸易体制中发挥更积极的作用，决定在其内部实施"共同金融政策"，并从建立欧洲储备基金开始，通过建立单一欧洲货币，然后成立货币联盟，并最终建立中央银行。此外，欧洲经济货币联盟在实现货币联盟的同时必须协调各国的经济政策，就是使联盟内的经济、金融、财政政策保持一致。从国际区域经济一体化的发展来看，经济货币联盟无疑处于最高形式，它既是经济联盟的关键环节，又与经济联盟一同构成了欧洲区域经济一体化两个不可分割的部分。

正是通过上述四个主要方面的高度一体化建设，欧盟的经济合作得到了巩固和发展，一体化程度也不断加深，在经历了关税同盟、共同市场、经济和货币联盟之后正在逐步向政治联盟转变。然而，2017年"英国脱欧"也折射出差异化是欧洲一体化的显著特征。差异性一体化是多重因素共同作用的结果，其中，欧盟内部的深层次问题和矛盾是根本原因。差异性一体化在推进一体化建设的同时，对一体化进程也具有负面影响。当前，欧盟正面临着一系列严重危机，"英国脱欧"公投的结果进一步增加了其未来发展的不确定性。短期内，欧洲一体化难有实质性进展。从欧洲一体化以往发展规律来看，一体化将继续向前艰难推进。

2. 北美模式：地域相邻的"北南型"模式

北美自由贸易区是在美国的积极倡导之下，由美、加、墨三国于1999年1月1日正式建立的以垂直型分工为基础、发展水平具有很大差距的"北南型"的国际区域经济合作组织。北美自由贸易区是在美加自由贸易协定的基础上发展而来的，在战后初期的一段时间里，美国在世界经济中起着主导作用，其商品在国际市场上具有很强的竞争力，因此，它需要用贸易自由化来打开他国市场的大门，美加自由贸易协定的成功签署和付诸实施正好符合美国在自由贸易方面的要求。而加拿大是一个贸易立国的国家，对外贸易依存度很高，同美国之间有4000英里长的边界，其人口和产业设施都密集在美加边界以北200英里的狭长地带，这就决定了美国与加拿大之间在经济贸易方面必然有着密切的联系，因此两国互以对方为第一贸易对象国，特别是在汽车、机械、通信设备等领域两国的生产一体化程度很高，贸易、投资壁垒的拆除将进一步有利于两国贸易和投资的发展。而墨西哥作为另一个与美国比邻而居的国家，同样对美国具有很强的吸引力和重要性，接纳墨西哥进入自由贸易区，将其变成一个繁荣的邻国，可以向美国提供一个新的产品销售市场，这也是美国力主将墨西哥纳入美加自由贸易体系，并最终建立北美自由贸易区的一个主要因素。墨西哥作为发展中国家和美国在经济上有很大的互补性，其向美国出口的主要是机械和运输设备、汽车零件以及石油。美国则向墨西哥出口一些先进设备，墨西哥是美国重要的外国机械设备市场，并且将墨西哥纳入自由贸易区在促进墨西哥经济发展的同时，会使墨西哥的就业扩大、收入提高，有利于解决困扰两国已久的边境非法移民和贩毒问题。此外，虽然美国在北美自由贸易区中处于主导地位，美加、美墨之间的经济关系十分紧密，而加、墨之间的经济关系相对松散，但加拿大与墨西哥均可借助对方的力量达到自己的目标，实现自身的利益最大化，例如更多地进入美国政府采购市场，更严格地限制美国的反补贴税、反倾销税调查申请等。

3. 亚太模式：松散协商型的论坛组织

亚太经济合作组织是于1989年11月正式成立的一个经济论坛和协商机构。与其他区域经济合作组织最大的不同，就是其"协商一致""灵活机动""循序渐进""平等互利"的基本内容，以及灵活和松散的组织模式。由于亚太经合组织的成员方结构比较复杂，因此就需要通过特定的协调机制，来确定经济合作的共同目标，同时允许各成员在实现这些共同目标的过程中根据自身的实际情况进行灵活调整，在这种情况下虽然整个区域组织在一体化的发展过程中会产生一些分歧，但我们可以在协商的基础之上在各成员方共同的目标驱使下消除这些分歧。更重要的是，在这种协商型的模式之下，一体化组织的内部开放将与外部开放有机地结合起来，从而使该区域的经济合作更具开放性。

除了由于成员方结构复杂使亚太经合组织只能采取协商的形式之外，其成员方的多样性也同样限制了亚太经合组织只能建立起比较松散、规范约束力相对较弱的合作机构。亚太经合组织没有法律和协定的约束，也没有超国家机构进行管理，成员方之间在一体化进程中的灵活性较强，直接产生利益冲突的可能性相对较小，而整个组织机构的制度化程度要求也不高，不需要成员方让渡主权，所以整个构成模式比较松散。

4. 东盟模式：相互交错，呈交叉态势

东盟诞生于1967年8月，其前身是由马来西亚、菲律宾和泰国于1961年成立的东南亚联盟。在现今的东盟十国中新加坡属于新兴工业化国家，泰国、马来西亚、印尼、菲律宾属于亚洲地区准新兴工业化国家，越南属于新经济增长区，缅甸、老挝、柬埔寨则属于欠发达的发展中国家。由此可见其构成结构比较复杂，因此互相间的贸易与投资额虽然不大，但相互交错，呈现出了交叉态势。而随着中、日、韩三国的加入形成"东盟10+3"模式之后，这一现象将更加明显。从20世纪50年代末开始，日本就是东南亚地区最主要的援助国、多数国家最主要的出口市场。从1995年开始，日本一直是东盟的主要投资来源地，其对东盟各国的直接投资，占东盟FDI总额的12.9%，对东盟经济的发展有着巨大的影响。而东南亚也是日本最重要的原料供应地、商品出口市场和资本投资场所。1977年日本提出"福田主义",其主要内容为,日本表示将矢志不渝坚持和平,愿同东南亚各国在广阔领域建立相互依赖的关系,并通过积极合作,促使东南亚地区的和平与繁荣。由于"福田主义"既符合日本的利益,又顺应东盟的经济和政治战略需要,所以其一出台就得到了双方的认可,成为推动东盟与日本经济关系发展的转折点。特别是在亚洲金融危机和欧元启动之后,日本为确保其在亚太地区,特别是东南亚地区自己的主导地位,于2002年年初在首相小泉访问东盟五国时重申"福田主义",强调与东盟国家更为密切的伙伴关系,提出了加强双方经济合作的一揽子计划,使东盟与日本的经济合作关系进入了一个新的高速发展时期。

随着"10+3"模式的建立,东盟除了加强了同日本的经济合作之外,中国的加入又为东盟的发展提供了新的机遇。中国与东盟国家地理位置临近,其中老挝、缅甸和越南与我国接壤。近年来随着"10+3"模式的建立,中国与东盟高层往来频繁,各层次对话活跃,政治互信不断加深,进一步促进了双方经贸合作的发展。2005年《中国—东盟战略伙伴关系行动计划》全面启动,进展顺利,使中国—东盟自由贸易区建设取得进一步进展。

5. 上海模式:以安全合作带动经济发展

上海合作组织是由中国、俄罗斯、哈萨克斯坦、吉尔吉斯斯坦、塔吉克斯坦和乌兹别克斯坦六国于2001年于上海成立的一个区域性合作组织。该组织建设的初衷是稳定区域内各成员国的周边环境,加强政治、军事合作与互信。自苏联解体之后,中亚各国均面临着维护国家独立、主权和领土完整的任务,同时还要应对中亚地区各国共同的威胁——民族分离主义、国际恐怖主义和极端宗教主义的日趋严重,以及贩毒、走私武器等跨国犯罪活动的日渐猖獗。因此，加强中亚地区的政治与安全合作，建立区域合作组织就成为应对上述威胁的必然选择。

因此，在上海合作组织建立之初就签订了一系列军事互信以及政治与安全合作协议，为各成员国周边的军事安全提供了保障，使安全领域的合作进一步得到了强化。但是区域性国际组织的发展表明，以政治军事为目的组织不仅自身发展会受到局限，而且也不可能长久，只有通过以经济为纽带，以政治、安全合作带动经济合作才会使其更具生命力，在未来的发展中才会不断深化和壮大。因此上海合作组织在成立后不久，就提出了开展区域经济合作的要求，提出区域内平等互利的经济合作应遵循的基本原则，启动上海合作组织框架内的贸易投资便利化进程。为进一步确立新型相互关系，从长远出发，六国总理签署了《上海合作组织成员国政府间关于开展区域经济合作基本目标和方向及启动贸易和投资便利化进程的备忘录》，将区域经济合作提升为军事与安全之外的又一重要支柱，充分体现了以安全合作带动经济合作发展的特点。

6. 西非国家共同体模式：以局部先行发展带动整体一体化进程

由15个国家组成的西非国家经济共同体是目前非洲最大的区域性经济多边合作组织，成员国总面积511万平方公里，占非洲总面积的1/6，人口近2.3亿，占非洲总人口的1/3。西非经济共同体所属15国是世界上最贫穷的地区之一，广大民众生活在贫困线以下。长期以来经济发展明显滞后，摆脱贫困，振兴经济是西共体各国的强烈愿望和殷切期盼。虽然早在1976年该组织就签署了有关转口贸易、财政、合作基金等议定书，1985年各成员国间就已取消了初级产品和传统手工业品的关税，但是只是在进入20世纪90年代后，共同体才真正行动起来。同时西非共同体并不是一个经济发展均衡的整体，成员国内英语国家和法语国家间的经济矛盾还长期存在，各国间的经济发展水平也极不平衡。而且，从贸易情况看，成员国间的贸易额总体比重仍然很低，短时间内实现整体提高恐难做到。面对这种情况，大多数西非国家领导人经过深思熟虑，逐渐达成共识，认为经济发展程度较高，有条件的国家应先行一步，然后再带动其他国家实现一体化。1996年1月1日，尼日利亚、加纳、塞内加尔和科特迪瓦这4个地区经济大国率先开始试行"西非贸易自由化方案"，为期2年，希望带动整个西非地区的经济联合。1997年12月，西非国家经济共同体正式推出共同体旅行支票，使成员国间的金融和贸易往来更为便利，从而向实现西非单一货币和关税同盟的战略目标迈出重要一步。1999年年初，西非国家经济共同体成员国为便利外国投资，决定在今后2年内制定共同体内的统一《矿产法》，形成统一的矿业政策。此外，西非国家经济共同体内部还有一个由贝宁、布基纳法索、科特迪瓦、马里、尼日尔、塞内加尔和多哥7个法语国家组成的西非经济货币联盟，它们充分利用了组织规模小、货币统一、运转灵活的优势，一体化进程较快。这种有条件的国家先行进行区域经济合作，然后再带动其他国家实现整个区域经济联合的模式是区域经济合作的一个创举，它为不发达地区采用何种模式进行区域经济合作提供了一个新的选择。

（四）国内区域经济合作的几种形式

1. 由京津冀协同发展诞生的雄安新区

20世纪80年代，国家首次提出"环渤海经济圈规划"。1996年3月17日《中华人民共和国国民经济和社会发展"九五"计划和

2010年远景目标规划纲要》提出，中国要"按照市场经济规律和内在联系以及地理自然特点，突破行政区划界限，在以后经济布局的基础上，以中心城市和交通要道为依托，逐步形成7个跨省区市的经济区域"。其中第一个是长江三角洲，第二个就是环渤海地区。

环渤海经济圈是指以京津冀都市圈为核心、以辽东半岛和山东半岛为两翼、直到山西—内蒙古中东部的环渤海经济带。全区陆地面积达112万平方公里，人口2.6亿。在环渤海地区5800公里的海岸线上，近20个大中城市遥相呼应，包括天津、大连、青岛、秦皇岛等中国重要港口在内的60多个大小港口，星罗密布，以京津两个直辖市为中心，对内辐射"三北"、对外辐射东北亚的两侧扇形区域，成为中国乃至世界上城市群、产业群、港口群最为密集的区域之一。

京津冀都市圈既是中国重要的区域经济协作区，更担负着其他经济区域无法比拟的政治功能。然而，现实问题是，三地市场壁垒仍然存在，京津冀统一要素市场发展相对滞后，协同发展还存在诸多体制机制障碍。京津冀基础设施的互联互通不仅在于硬件，更在于软件。

2017年4月1日，经中共中央及国务院研究决定，以河北省雄县、安新及容城为地理范围的雄安新区正式设立，它是以习近平同志为核心的党中央深入推进京津冀协同发展、有序疏解北京非首都功能做出的一项重大决策部署。雄安新区的成立，引领了中国区域发展战略的新高度和新方向，对中国未来继续深化巩固改革开放成果以及实现经济发展的战略目标有着十分重要的意义。从雄安新区设立的缘由看，首都北京是根，京津冀是干，"雄安新区"是这棵参天大树上的一片新叶。

2017年，北京市总人口已达2100多万，已经接近2020年的人口调控目标2300万人。北京人口过多、大气污染、交通拥堵等各种各样的"大城市病"备受人们瞩目。作为京津冀区域经济协调发展的一个"发动机"，雄安将与北京通州城市副中心一起，共同构成北京新的两翼。对于雄安新区的设立，一个重要的功能定位便是对北京的非首都功能进行集中疏解，同时探索出人口经济密集型城市和地区的优化开发新模式。雄安新区的设立起到了疏解北京的非首都功能，平衡北京及其周边枢纽区的功能承载，推进京津冀地区均衡发展的作用。

2. 由长江经济带诞生的长三角城市群、长江中游城市群和成渝城市群

长江经济带具有以河流为纽带、产业布局呈梯度分布、生态环境紧密联系三个特征，是一种典型的流域经济。长江经济带覆盖上海、江苏、浙江、安徽、江西、湖北、湖南、重庆、四川、云南、贵州11省市，面积约205万平方公里，人口和生产总值均超过全国的40%。改革开放以来，长江经济带的开发与建设历经从自我发展到上升为国家发展战略四个阶段。

（1）自我发展的时期（1984—1989年）

这一时期国家提出以沿江和沿海"T"字形为主轴线的开发模式，把南通、上海、宁波等城市辟为开放城市，上海、苏南等地大力发展乡镇工业与外向型经济，对原有部分工业企业进行大规模的设备更新和技术改造，电子、家用电器、机械、纺织、食品等工业有了较大发展。随着宝钢和仪征化纤等一批大型能源和原材料企业投产，中上游原有的工业基地，包括攀钢、武钢、湖北汽车制造、四川重型机械和电子工业等进行一定程度上的提升和扩建，初步形

成较强的生产能力。

(2) 以开发浦东为主的时期(1990—1999年)

长江经济带开发模式从建设重点产业、开发水电、防洪排涝和整治水土转向以港口发展和产业园区建设;从以沿岸主要中心城市为主的重点开发,转向沿江区域整体开发。1992年中共十四大提出"以上海浦东开发开放为龙头,进一步开放长江沿岸城市,尽快把上海建成国际经济、金融、贸易中心之一,带动长江三角洲和长江流域地区经济的新飞跃"。浦东的开发开放和长江中上游地区的武汉、芜湖、九江、岳阳、重庆等先后被开辟为对外开放城市,激发了长江沿岸各省市加快发展意愿,各地逐步把发展重点转向长江沿岸地带。

(3) 由点到面拓展的时期(2000—2013年)

这一时期长江沿岸省市开始重视沿江区域整体开发,重点发展本区域临江城市或地区。上海积极推进产业结构优化和升级,加快发展现代服务业和先进制造业,建设国际金融中心和国际航运中心。江苏从2003年开始正式实施沿江大开发战略,2007年编制《江苏省沿江发展总体规划(2011—2030年)》,提出江苏未来沿江地区将努力建成沿江经济带、沿江城市带、现代化港口群、基础设施网和生态环境宜居区。安徽则提出以加速融入长三角为核心的"东向开发战略",努力把沿江城市群建设成为对外开放的门户和长江流域重要的新型工业化基地。江西、湖北、湖南、重庆等省市也相继制定了本区域沿江开发战略。

(4) 全面上升为国家战略时期(2014年至今)

2014年9月25日,国务院发布《关于依托黄金水道推动长江经济带发展的指导意见》及《长江经济带综合立体交通走廊规划

(2014—2020年)》，标志着长江经济带进入整体推进时期。《规划》提出，将重点依托长三角城市群、长江中游城市群、成渝城市群，全面推进新型城镇化；增强武汉、长沙、南昌中心城市功能，促进三大城市组团之间的资源优势互补、产业分工协作、城市互动合作；提升重庆、成都中心城市功能和国际化水平，发挥双引擎带动和支撑作用，推进资源整合与一体发展；做大上海、武汉、重庆三大航运中心，发展长江航运；提升长江黄金水道功能，建设综合立体交通走廊，促进产业转型升级，整体推动长江经济带发展，形成转型升级新的支撑带。

2016年9月，国家批准《长江经济带发展规划纲要》，提出长江经济带四大战略定位：生态文明建设的先行示范带、引领全国转型发展的创新驱动带、具有全球影响力的内河经济带、东中西互动合作的协调发展带。具体为：要把保护和修复长江生态环境摆在首要位置，共抓大保护，不搞大开发，全面落实主体功能区规划，划定生态保护和资源开发红线，建成和谐发展的绿色生态廊道；把加快交通基础设施互联互通作为推动长江经济带发展的抓手，保持长江水脉畅通，打造黄金水道和先进的综合立体交通走廊；把创新驱动作为推动长江经济带产业转型升级的重要引擎，在改革创新和发展新动能上做"加法"，在淘汰落后过剩产能上做"减法"，形成优势明显的现代产业走廊；把推进农业转移人口市民化、优化城镇化空间格局、加强新型城市建设、统筹城乡发展等作为提高城镇化质量的重点内容，推动大中小城市结合、东中西地域联动。

2015年4月起，国家相继批复《长江中游城市群发展规划》《成渝城市群发展规划》与《长江三角洲城市群发展规划》。国家对这三个城市群的总体定位为，长三角城市群的定位属于世界级，长江中游城市群和成渝城市群的定位属于国家级。在三个城市群的战略定位中，都相应地提及城市群在国家"开放"格局中的位置，并且城市群在国家经济发展中的角色也被清晰表述，如长三角城市群不仅被定位为科技创新高地、全球重要的现代服务业和先进制造业中心，还被定位为最具经济活力的资源配置中心。可以看出，城市群的战略定位主要是围绕着"改革开放—生态绿色—经济发展—社会发展"等关键性的维度展开。

当前，长江经济带已形成了"1+3"的省际协商合作机制。"1"是中央层面的统筹协调，即领导小组办公室和长江经济带沿线11个省市形成了一个协调机制。"3"是沿江三大区域性协调机制，即下游的长三角地区、长江中游地区和以成渝为代表的长江上游地区各自形成的合作机制。

2016年12月，长江经济带发展领导小组办公室会议暨省际协商合作机制第一次会议召开，重庆、四川、云南、贵州4省市签署了长江上游地区省际协商合作机制协议，湖北、江西、湖南3省签署了长江中游地区省际协商合作机制协议和长江中游湖泊保护与生态修复联合宣言。长江经济带省际协调基本框架已建立，省际合作进展逐步活跃。

3. 深汕特别合作区

深汕特别合作区位于广东省东南部，深汕特别合作区党工委、管委会为省委、省政府派出机构，享有地级市一级管理权限，委托深圳、汕尾两市管理，深圳市主导经济管理和建设，汕尾市负责征地拆迁和社会事务。2011年2月18日，广东省委、省政府批复《深汕（尾）特别合作区基本框架方案》，正式设立深汕特别合作区。自2011年5月授牌成立以来，由于规划未明确、体制未理顺等原因，深汕特别合作区的发展一度停滞，直至进入2014年，各项工作才得以全面展开，尤其是2014年11月《深汕（尾）特别合作区发展总体规划（2015—2030年）》出台后，深汕特区的发展驶入快车道，签约项目和社会资源加速入驻，市政道路、供水、供电等基本服务功能逐步完善。2015年7月23日召开的广东省政府常务会议审议通过了《广东深汕特别合作区管理服务规定》。这部省政府规章是全国首个省级合作区的立法，同时也是深汕特别合作区开发建设的基本大法。该《规定》的出台，意味着深汕特别合作区的法律地位正式确立。

深圳、汕尾两市高层决策领导小组组长由深圳、汕尾两市政府主要领导担任，成员包括深圳、汕尾两市有关领导、相关部门及合作区管理机构的负责人。领导小组受省委省政府委托，负责指导、协调和解决合作区建设和管理中的重大问题，并定期召开例会。领导小组下设办公室，设在特合区管委会，作为领导小组的日常办事机构。

财政体制：省直管，深圳市代管。特合区的财政体制执行"省直管"模式，委托深圳市全权代管，并授权深圳市管理和审批特合区的财政预决算，报省财政厅备案。特合区税收实行依法征收，就地缴库，特合区单独设立财政局、国税局和地税局，特合区国税局和地税局接受合作区财政局的业务指导和协调。特合区金库设置，暂由中国人民银行广州分行批准设立与汕尾市支库平级的直属特合区支库并开始运作；特合区正式运转后，由广东省分库、深圳市分库会同省财政厅、深圳市财政委、汕尾市财政局研究提出有利于特合区发展的金库设置办法，涉及中央权限的，按规定程序报批。特合区资金缴拨关系，由省财政厅、深圳市财政委、国家金库广东省分库和深圳市分库具体商定。

特合区财政对省体制关系：省财政按现行体制取得特合区内产生的省级财政一般预算收入，2011—2015年，省财政源自特合区的一般预算收入中除2009年基数部分继续保留外，其余全部返还补助特合区。2016年起再按规定获取分成收益。

收入分成：25%、25%和50%。特合区财政对省体制关系：省财政按现行体制取得特合区内产生的省级财政一般预算收入，2011—2015年，省财政源自特合区的一般预算收入中除2009年基数部分继续保留外，其余全部返还补助特合区。2016年起再按规定获取分成收益。

特合区财政对深圳市、汕尾市（含海丰县）的体制关系：特合区产生的地方级税收在扣除省按体制规定的获益部分后，由深圳市、汕尾市和特合区按25%、25%和50%的比例分成。2011—2015年，深圳、汕尾两市将各自所得分成收入全额返还特合区；2016—2020年，深圳、汕尾两市将各自所得分成收入的50%返还特合区。

土地收益：12%给汕尾。特合区取得的政府土地出让的净收益，按12%的比例分配给汕尾市。2011—2015年，汕尾市将取得的土地收益收入全部返还特合区，2016年后在符合国家规定的前提下，由汕尾市决定使用方向和使用范围。特合区内征地拆迁工作由特合区管委会具体负责，汕尾市予以积极协助配合，征地拆迁费用按程序经过评估、审计后由特合区管委会融资解决。

现行债务：争取一次性解决。特合区四镇现行政府性债务，由省财政厅、深圳市财政委、汕尾市财政局组成工作小组按规定审核确认，在此基础上提出一次性解决的办法。

4. 广西北部湾经济区

广西北部湾经济区由南宁、北海、钦州、防城港、玉林、崇左所辖行政区域组成。广西北部湾经济区发展规划依据党的十七大精神和《中华人民共和国国民经济和社会发展第十一个五年规划纲要》、国家《西部大开发"十一五"规划》编制。国家批准实施《广西北部湾经济区发展规划》，规划期为2006—2020年。2008年1月16日，国家提出把广西北部湾经济区建设成为重要国际区域经济合作区，这是全国第一个国际区域经济合作区，目标是建成中国经济增长第四极。2008年1月16日，国家批准实施《广西北部湾经济区发展规划》。国家发改委通知强调指出：广西北部湾经济区是中国西部大开发和面向东盟开放合作的重点地区，对于国家实施区域发展总体战略和互利共赢的开放战略具有重要意义。要把广西北部湾经济区建设成为中国—东盟开放合作的物流基地、商贸基地、加工制造基地和信息交流中心，成为带动、支撑西部大开发的战略高地和开放度高、辐射力强、经济繁荣、社会和谐、生态良好的重要国际经济合作区域。

为破除互通互联瓶颈，北部湾经济区采取了同城化发展方案，主要包括在经济区的4市内实现通行同城化、交通同城化、城镇群规划、产业一体化、社会保障同城一体化、教育资源一体化等方面。

北部湾经济区发展的战略重点：(1)优化国土开发，形成开放合作的空间优势。优化空间布局，密切区域合作，强化城市间功能分工，保护生态环境，打造整体协调、生态友好的可持续发展空间结构。(2)完善产业布局，形成开放合作的产业优势。充分利用两个市场、两种资源，优化投资环境，以市场为导向，发挥比较优势，大力发展高起点、高水平的沿海工业、高技术产业和现代服务业，承接产业转移，形成特色鲜明、竞争力强的产业结构。(3) 提升国际大通道能力，构建开放合作的支撑体系。加快建设现代化沿海港口群，打造泛北部湾海上通道和港口物流中心，构筑出海出边出省的高等级公路网、大能力铁路网和大密度航空网，形成高效便捷、安全畅通的现代综合交通网络。(4) 深化国际国内合作，拓展开放合作的新空间。积极参与中国—东盟自由贸易区建设，打造开放合作的新平台，进一步提升中国—东盟博览会的影响力和凝聚力；大力推进泛北部湾经济合作，继续参与大湄公河次区域合作，推动南宁—新加坡通道经济带建设，形成中国—东盟"一轴两翼"区域经济合作新格局；深化国内区域合作，加强与珠江三角洲地区的联系互动，发挥沟通东中西的作用。(5) 加强社会建设，营造开放合作的和谐环境。大力发展教育卫生、劳动就业、文化体育、广播电视、社会保障等各项社会事业，加强基本公共服务体系建设，维护社会稳定，促进社会和谐。(6) 着力推进改革，创新开放合作的体制机制。加快建立行政区和经济区在促进经济发展方面有机结合的体制机制，加大企业改革力度，建立生态补偿机制，深化土地管理、投融资、劳动就业等方面的体制改革，加快建立统一开放竞争有序的现代市场体系。

5. 呼包银榆经济区

呼包银榆经济区是2000年中央做出西部大开发决策以后，确定的继成渝、关中—天水、广西北部湾经济区之后，在新一轮西部大开发中新确定的重点经济区之一。

为了防止西部全面开发，也为了集中有限的资源，中央曾提出"以线串点、以点带面"的开发原则。近几年，前三个经济区已成为带动西部地区发展的重要引擎，创造了西部近50%的经济增长。因此，在研究新一轮西部大开发有关问题的时候，各个方面普遍认为还应坚持上述原则，再选择一些条件较好、辐射能力较强的地方进行重点开发。

"呼包银榆"能上升到国家的层面作为重点经济区进行开发主要有两个原因：一是该区域发展关系到国家的能源安全。改革开放以来，尤其是随着工业化和城镇化的快速推进，中国能源消费总量快速攀升。而呼包银榆地区的能源资源集中，特别是煤制油潜力巨大。二是该区域的发展关系到全国整个区域的协调发展。第一轮西部大开发主要围绕成渝、关中—天水、广西北部湾经济区三大经济区进行。但占全国三分之一以上陆地面积、土地贫瘠、资源富集的整个大西北以及内蒙古地区，需要一个能够带动西北发展的经济区。因此，国家就把目光聚焦到呼包银榆这一已具备打造西部第四经济增长极的区域。

呼包银榆经济区的发展目标是，到2020年，国家综合能源基地基本建成，生态文明建设取得显著成效，资源型地区经济转型示范作用明显，节水型社会建设成效巨大。基本公共服务体系比较健全，基本实现基本公共服务均等化，社会建设取得重大进展，全面建成更高水平的小康社会。

呼包银榆经济区的战略定位是：（1）国家综合能源基地。统筹煤炭、油气资源的勘探开发，优化煤电、煤化工等产业布局，积极开发风能、太阳能等可再生能源，加快煤炭、电力、油气等输送通道建设。（2）全国节水型社会建设示范区。实施最严格的水资源管理制度，严格控制用水总量，全面提高用水效率，加快水权转换和交易制度建设，促进水资源可持续利用。（3）国家重要的生态安全屏障。统筹生态建设、环境保护和经济社会发展,重点加强防沙治沙、草原生态系统保护、黄土高原水土流失综合治理和矿山生态修复,实现经济发展与生态环境相协调,着力建设安全可靠的生态屏障。(4)国家向北向西开放的重要战略高地。打造对外开放平台,畅通对外开放通道,创新交流合作机制,拓展合作领域,加强与蒙古国、俄罗斯,以及中亚、中东国家的经济技术交流与合作,提升对内对外开放水平,发展内陆开放型经济。

6. 粤港澳大湾区

粤港澳大湾区是指由广州、深圳、佛山、东莞、惠州(不含龙门)、中山、珠海、江门、肇庆(市区和四会)9市和香港、澳门两个特别行政区形成的城市群。是继美国纽约湾区、旧金山湾区和日本东京湾区之后的世界第四大湾区,是国家建设世界级城市群和参与全球竞争的重要空间载体。

2017年3月召开的十二届全国人大五次会议上,国务院总理李克强在政府工作报告中提出,要推动内地与港澳深化合作,研究制定粤港澳大湾区城市群发展规划,发挥港澳独特优势。日前,粤港澳大湾区规划已基本定稿,准备报国务院审批,有望年底公布。

粤港澳合作不是新概念,大湾区城市群的提出,是包括港澳在内的珠三角城市融合发展的升级版,从过去三十多年前店后厂的经贸格局,升级成为先进制造业和现代服务业有机融合最重要的示范区;从区域经济合作,上升到全方位对外开放的国家战略;这为粤港澳城市群未来的发展带来了新机遇,也赋予了新使命。

7. 由珠江—西江经济带诞生的粤桂合作特别试验区

近年来,广西北部湾经济区、广西西江经济带、泛珠三角经济区的建设开始辐射珠江—西江流域的部分地区,这些地区经济发展也开始进入较快发展的阶段。2011年12月在广东和广西交界处成立的粤桂合作特别试验区给该地区传递了国家重视的新信号。当地政府以试验区作为两广和珠江—西江跨流域区域合作的试点，并将珠江—西江经济带发展规划上报国务院批复，力争上升为国家级战略。2014年7月《珠江—西江经济带发展规划》获国务院批复，标志着珠江—西江经济带将上升为国家战略。该规划对珠江—西江经济带提出了"西南中南开放发展战略支撑带""东西部合作发展示范区""流域生态文明建设试验区""海上丝绸之路桥头堡"四个战略定位。粤桂合作特别试验区是国家区域发展战略珠江—西江经济带的重要组成部分，位于广东省肇庆市和广西壮族自治区梧州市交界处，面积140平方公里，广东、广西各70平方公里，由粤桂两省（区）共建，是中国唯一的横跨东西部省际流域合作试验区。

从党的十八大以来中央提出的三大区域发展政策的覆盖面来看，"一带一路"覆盖全国，并涉及境外沿线国家，长江经济带涵盖了沿长江的11个省市，京津冀协同发展主要在华北地区京津冀行政区域内。在"十三五"规划中，有关长江以南广大地区的区域发展政策主要体现在"泛珠"和"珠江—西江经济带"等国家级政策上，其中，"泛珠"是针对加深内地同港澳在社会、民生、科技、文化、教育、环保等领域交流合作。国务院在关于珠江—西江经济带发展规划的批复中明确指出，"加快珠江—西江经济带开放发展，事关国家改革开放和区域协调发展大局。"要求相关地区关要"抓住机遇、开拓创新、加强合作、狠抓落实，推动珠江—西江经济带科学发展，为全面建成小康社会、实现中华民族伟大复兴的中国梦作出贡献"。目前，尽管不乏跨省（区）的区域合作，如西部大开发中的成渝经济区、关中—天水经济区等，但也仅有粤桂合作特别试验区是真正意义上的东西部合作。因此，建设粤桂合作特别试验区正是体现了党的十八大以来中国区域发展政策强调合作协调发展的导向精神，同时又是狠抓落实珠江—西江经济带发展规划的具体体现。

## 三　粤桂合作特别试验区建设的意义

粤桂合作特别试验区是中国经济进入新常态背景下提出实施供给侧结构性改革之新形势下探索区域协调发展的一块重要的试验田，试验区的建设尤具时代意义。

### （一）是两广贯彻落实国家区域协调发展战略的重要实践

继党的十八大报告明确提出"要继续实施区域发展总体战略，充分发挥各地区比较优势，促进城乡区域协调互动发展"后，2017年10月党的十九大报告中进一步明确提出了实施区域协调发展战略的具体方向——"加大力度支持革命老区、民族地区、边疆地区、贫困地区加快发展，强化举措推进西部大开发形成新格局，深化改革加快东北等老工业基地振兴，发挥优势推动中部地区崛起，创新引领率先实现东部地区优化发展，建立更加有效的区域协调发展新机制"。这为粤桂两省（区）的区域合作指明了前进方向。粤桂合作特别试验区是粤桂两省（区）立足新的历史起点，紧紧围绕国家区域协调发展战略，贯彻落实党的十八大、十九大精神改革创新的重要实践；是国家在区域发展战略的全新部署和战略重点的具体体现；是实现两广在中国区域经济战略定位和发展目标的重要载体；是两广一体化合作发展过程中的重要成果体现。

**（二）是国家区域合作粤桂方案的重要载体**

作为中国目前唯一的横跨东西部省际流域合作试验区，粤桂合作特别试验区没有先例可参照，其顶层设计与核心机制需要根据两省（区）的实际进行探索与创新。试验区肩负着探索区域合作经验，为国家在更大范围、更高水平、更深层次的区域合作提供可复制、可推广经验的特殊使命。试验区将在核心机制、开放合作、开发模式、园区管理、设施建设、金融改革、土地配置、人才聚集、智库建设等方面为区域合作提供生动的样本，并将形成具有跨省际、跨流域合作特色的立体化粤桂方案。

**（三）是打造珠江—西江经济带新增长极的战略支点**

珠江—西江经济带连接中国东部发达地区与西部欠发达地区，是珠江三角洲地区转型发展的战略腹地，是西南地区重要的出海大通道，是面向港澳和东盟开放合作的前沿地带。国务院关于珠江—西江经济带发展规划的批复提出，要努力把珠江—西江经济带打造成为中国西南、中南地区开放发展新的增长极，为区域协调发展和流域生态文明建设提供示范。作为两广"联姻"的结晶，试验区也不负众望，招商引资项目加快聚集，基础设施逐步完备，呈现出一片生机盎然的景象。2016年，试验区实现新增注册企业51家，入区企业达到232家；完成工业总产值180亿元，同比增长18%；完成招商引资到位资金66亿元，同比增长31.6%，主要经济指标保持两位数高位增长，迅速成为桂东粤西经济发展的新动力。

### （四）是"一带一路"倡议的先行示范

推进"一带一路"建设是以习近平同志为总书记的党中央主动应对全球形势变化、统筹国内国际两个大局做出的重大战略决策，是新时期中国改革开放的顶层设计，目的是打造陆海内外联动、东西双向开放的全方位开放新格局。"一带一路"将国家开放政策向中西部地区、内陆和边疆地区推移，把广大中西部地区和边疆民族地区推向对外开放前沿，广西是直接受益者。广西沿海沿江沿边，是中国唯一与东盟陆海相连的省（区），地处西南经济圈、华南经济圈和东盟经济圈的接合部，连接着中国与东盟两个广阔市场，是中国西南地区最便捷的出海大通道，也是东盟国家进入中国市场的重要海陆通道，在国家"一带一路"倡议中的区位优势明显。试验区立足西江、服务两广、对接港澳、面向东盟、放眼全球，在国家新时期、新战略、新形势、新常态下，勇担"一带一路"国际产能合作示范区及供给侧结构性改革先行示范区的新使命。

### （五）是搭建承接产业转移的有效平台

产业转移是优化生产力空间布局、形成合理产业分工体系的有效途径，是推进产业结构调整、加快经济发展方式转变的必然要求。试验区建设将成为东部产业转移和西部产业承接的有效连接体，推动东西部区域的产业结构调整与优化升级。将充分集合多区域政策及资源优势，建立科学承接产业转移的新模式，探索合作过程中产业合理布局、要素优化配置、资源集约利用的有效途径，促进产业产业承接转移有序开展，为西部地区承接产业转移提供示范。此外，将有效促进地区积极参与包括港澳在内的泛珠三角地区和中国—东盟自由贸易区的对外开放与产业分工合作。同时，将为珠三角地区产业发展提供更为广阔的空间，更好地辐射和带动广西其他地区乃至西部地区的产业转型和升级。

## 四 粤桂合作特别试验区取得的成绩

从 2011 年粤桂合作特别试验区开始孕育，到 2015 年开始投资建设，再到如今的雏形初现，回眸粤桂合作特别试验区的发展历程，试验区在经济发展、设施建设、机制创新等方面都取得了不俗的成绩。

### （一）经济保持两位数增长，不断刷新"粤桂速度"

在 2015 年两位数增长的基础上，2016 年试验区继续保持了强劲增长。2016 年，新增注册企业 51 家，入区企业达到 232 家；完成工业总产值 180 亿元，同比增长 18%；完成固定资产投资 65 亿元，同比增长 30.3%，一批产业项目已进入开工阶段；完成招商引资到位资金 66 亿元，同比增长 31.6%。2017 年 1—5 月，试验区完成工业总产值 75 亿元，同比增长 10.2%，占年度目标任务的 32.7%；完成固定资产投资 40.05 亿元，同比增长 45%，其中产业项目完成投资 16.42 亿元，基础设施投资完成 23.63 亿元；完成招商引资到位资金 28.87 亿元，同比增长 37.5%。截至 2017 年 5 月底，粤桂合作特别试验区入区企业达到 266 家，其中广西片区 207 家；新注册企业 142 家，其中广西片区 136 家；2017 年新增注册企业 40 家，5 月当月新注册企业 9 家。各项经济指标保持了两位数增长，迅速成为粤西桂东经济发展的新动力。

## （二）基础设施建设加快推进，投资环境进一步优化

外部互联互通方面，南广铁路、洛湛铁路相继开通，柳广、肇梧、玉梧、梧贺等城际铁路项目前期工作加快推进；贵梧高速、茂梧高速、广佛肇高速等项目建成通车，柳梧高速、梧信高速、梧州环城高速加快建设；梧州机场迁建顺利，西江机场预计明年可以启用；西江航道整治加快推进，为试验区创造了良好对外交通网络。在内部基础设施建设方面，塘源一路完成沥青路面铺设，部分路段实现竣工验收；江北大道（广西段）全线贯通，社学片区"干"字形道路加快推进，国光大道、珠品桥、社学大道全面开工建设；滨江大道、粤桂大桥等项目正抓紧前期工作。各片区内路网一期、二期工程正在进行招投标或陆续建设；污水管网、雨水管网、供水管网、电网以及学校、市场、棚户区改造及支路项目等配套设施加快完善，投资环境得到进一步优化。

## （三）以体制机制创新为核心竞争力，为试验区夯实了发展新优势

对粤桂合作特别试验区具有重大意义的是，两省（区）联合管委会开始了合署办公、初步实现了广东片区和广西片区统一管理，向建立统一管委会过渡迈出了重要一步。随着两地管委会组成联合管委会并开始合署办公，标志着由两省（区）联席会议、梧肇市长联席会议、试验区管委会和开发建设公司组成的四层管理运营架构初步搭建完成，为实现粤桂合作特别试验区跨行政区域运营提供了基本的制度保障。这一创新既是粤桂合作特别试验区体制创新的难点也是其亮点，具有很强的借鉴意义和推广价值。

## 五　粤桂合作特别试验区的发展经验

回首粤桂合作特别试验区的发展历程，试验区将两广合作由口号走向了务实，试验区也从孕育阶段、培育阶段、形成阶段逐步走向发展阶段与成熟阶段，粤桂合作特别试验区在不断发展的过程中为国家区域协调发展提供了许多极具价值的宝贵经验。

### （一）习近平系列治国理政新理念、新思想、新战略是区域协调发展的理论指导

认真学习和坚决贯彻习近平系列治国理政新理念、新思想、新战略，把试验区建设放在中国经济发展进入新常态的大背景之下，以供给侧结构性改革为指导，结合试验区的具体工作，坚持发展是解决中国一切问题的基础和关键，坚持发展是硬道理的战略思想，为中国梦的实现添砖加瓦，贡献自己的不懈努力。

### （二）改革发展是区域协调发展的动力与源泉

试验区实施系列改革措施，成为改革潮头尖兵，也快速打造了区域核心竞争力。在更大范围的区域共建中，应做好顶层设计、机制创新且有序实施土地、金融等各项要素改革，突破瓶颈制约，以求快速、平稳发展。

### （三）生态保护是区域协调发展的首要任务

"宁要绿水青山，不要金山银山，而且绿水青山就是金山银山"，试验区创新低碳生态开发模式，取舍之间体现了科学发展理

念。各地在区域开发建设中，当坚守绿色发展理念，做好长远规划，强化产业选择，确保可持续发展。

### （四）创新探索是区域协调发展的有效手段

试验区通过创新驱动，使得区域建设在短短两年间有了质的飞跃。区域建设中应在制度创新、产业创新、技术创新、模式创新和社会创新方面下功夫，以创新促协调、促发展。

### （五）区域联动是区域协调发展的根本路径

试验区良好的制度设计，打破了"一亩三分地"的思维定势，实现了东西部、跨省（区）与流域的社会协同管理、经济协调发展、环境共同保护的良好局面。在更高层次区域合作中，当着眼大局、统筹考虑、多方联合、协调推进。

### （六）团结奋斗是推进区域协调发展的重要保障

试验区工作人员，特别是试验区领导班子的艰苦奋斗的创业精神和顽强拼搏的工作作风是试验区取得成绩的一个主要方面。他们对工作高度负责，理解自己事业的重要性而忘我，不惜牺牲个人利益而无私，发挥共产党员的先锋模范作用，因而工作效率高、成绩十分明显。这是试验区取得成绩不可或缺的一项保证。

## 六 对粤桂合作特别试验区的期望

两年多来的粤桂合作特别试验区的发展历程，坚持以习近平总书记系列重要讲话精神为指引，矢志不渝推进粤桂合作发展，取得了不俗的成绩，也积累了宝贵的经验。同时也要看到，由于历史上"地方意识"的影响，发展缺乏宏观统筹、利益格局固化等问题需要着力解决；交通、生态、产业等重点领域尚待取得新的突破，以点带面的作用需要充分发挥；体制机制壁垒仍然在一定程度上存在，需要深度破除；等等。这些经验和问题，都为下一步推进工作提供了有益参照。在未来的发展中，可以做好以下几方面重点工作。

## （一）进一步处理好几组重要工作关系

一是规划与实施关系。"一分部署，九分落实"。顶层设计是开展工作的重要指导，要维护规划的权威性和严肃性，坚持"一张蓝图绘到底"，加大实施力度，细化分解工作任务，推进规划的贯彻落实。二是政府与市场关系。要坚持市场主导，政府引导，加大简政放权力度，切实转变政府职能，加快完善市场机制，充分发挥市场决定性作用，更好发挥政府作用，促进生产要素在更大范围内优化配置。三是存量和增量关系。对于存量需要通过要素重组、疏解整治等，加快转换机制，不断提高效益；对于增量需要通过转变思路、优化结构等，促进转变方式，实现创新驱动发展，推动产业结构升级和全面品质的综合提升。

## （二）进一步加快粤桂两省（区）的全面合作

人们期望粤桂合作特别试验区的诞生和发展，不仅可以极大促进两省（区）相关地市的经济合作与发展，而且可以进一步有效促进两省（区）的全面合作实现互利共赢，进而促进珠江—西江经济带发展规划的落实和珠江—西江流域的经济社会发展，更能为全国的区域合作协同发展探索新的模式，创造新的经验。

### （三）进一步推进交通、生态、产业等重点领域取得新进展

在交通方面，构建以轨道交通为骨干的多节点、网格状、全覆盖的交通网络，完善便捷通畅的公路交通网，加快构建现代化的港口和航空枢纽，通过形成综合立体交通体系，完善交通结构，提升管理水平，以区域安全绿色可持续交通助力协同发展。在生态方面，按照"统一规划、严格准入、联合管理、改革创新、协同互助"的原则，调整优化产业结构，加大淘汰过剩动能、落后产能的力度，积极扶持高新技术产业和战略性新兴产业，促进区域绿色发展。在产业方面，根据自身产业发展定位，把握产业优势，理顺产业链条，加快产业转型升级，构建现代产业集群，更好发挥立足西江、服务两广、对接港澳、面向东盟的作用；加强政府引导，发挥市场机制作用，加快产业环境的优化提升，不断提高对创新资源、产业资源的吸纳和集聚能力，推动科技创新优势转化为产业发展强势。

### （四）进一步创新完善体制机制

体制机制改革是推动粤桂合作特别试验区建设的制度保障。当前，体制机制改革取得了显著突破，但统一要素市场发展相对滞后，市场壁垒仍然存在，协同发展还存在一些障碍，需要进一步完善试验区顶层设计，全面推进顶层设计确定的各项建设工作。重点包括完善联合管委会管理制度、组建股份制公司等，加快由目前的四统四分管理（即统一领导、分园区落实；统一招商、分产业落户；统一统计、分口径使用；统一政策、分园区管理）向统一管理

过渡，及时出台相应的政策文件，强化队伍和能力建设。

**（五）进一步努力实现试验区宏伟规划**

试验区在党的十九大即将召开的时候，提出将粤桂合作特别试验区的改革创新进行到底的口号，体现了试验区人把试验区工作推向更高水平的决心和意志。我们祝愿试验区不仅能够圆好试验区 100 平方公里创新发展之梦，而且能够不忘初心，实现珠江—西江经济带新增长极、西江流域生态共建区、省际合作机制创新区、东西部合作示范区的四大定位，以自己的努力为我国区域经济协调发展创造有益的经验和模式，与全国人民共圆全面建成小康社会的中国梦。

## 七 "飞地经济"合作中的几个问题

飞地经济是近年来中国区域经济发展过程中出现的一种"嵌入式"发展模式，这种发展模式的核心在于，两个相互独立、经济发展存在落差的行政地区打破原有行政区划限制，通过跨空间的行政管理和经济开发，实现两地资源互补、经济协调发展，进而推动资源在更大范围内的重新配置。2017 年 6 月 2 日国家发改委发布了《关于支持"飞地经济"发展的指导意见》的意见文件。意见指出在推动长江经济带发展战略中，鼓励上海、江苏、浙江到长江中上游地区共建产业园区，共同拓展市场和发展空间。意见还指出，近年来，有关省（区、市）打破行政区划界限，创新跨区域合作模式，探索政府引导、企业参与、优势互补、园区共建、利益共享的"飞地经济"合作，取得了积极成效，同时也面临一些问题和制约。粤桂合作特别试验区作为跨东西部、跨省际、跨流域的试验区，在建设的实践中同样也面临着"飞地经济"的困境，因此，对以下"飞地经济"普遍存在的共性问题进行思考对于粤桂合作试验区未来的发展具有重要的指导意义。

### （一）肇梧两地政府间成本利益分配的问题

粤桂合作特别试验区的建设过程中，肇梧两地政府发挥互补优势、强化组织合作、探索制度创新，以优化资源、整合利益，致力于从试验区整体优势的增长中寻求自身的建设发展。然而，受财政分权和 GDP 政绩考核导向长期影响的肇梧两地政府，追逐自身利益的理性思维仍无可避免。着眼于未来，即使参与合作的两地政府都将获得一部分合作增益，但是在面临自身辖区的经济发展、民众福利尤其是地方官员晋升之时，试验区内有限的资源可能会成为共建方政府之间竞相争夺的对象。长此以往，试验区的发展进程必然受阻。因此，研究共建方政府之间的成本分摊、利益分配和风险分担的长效共享机制，促进试验区经济一体化健康可持续发展，有必要提到议事议程。

### （二）政府与企业目标函数不一致的问题

随着中国社会主义市场经济体制的日益完善，政府对企业已失去了原有的高度控制力，企业不可能再无条件地接受来自政府的行政指令，政府和企业的关系由行政隶属关系向契约式和交易性方向发展。"十三五"规划明确提出——"积极适应把握引领经济发展新常态，全面推进创新发展、协调发展、绿色发展、开放发展、共享发展，确保全面建成小康社会"的发展理念。在新时期"五大发展"理念的约束下，地方政府主要扮演公益者、管制者和仲裁者的角色，更多追求的是社会效益和环境效益。对于企业而言，最大化生产利润无疑是其最为关心的目标，而"五大发展"理念意味着减少污染，提高资源利用效率，这往往会使企业增加即时生产成本，在短期内降低利润。由于资源环境影响的外部性，如果没有外在约束，市场机制是不能直接引领追求自身利润最大化的企业自发地按照五大发展理念经营的。也就是说，企业不会自觉按照政府的目标行动，企业生产经营决策将是在外部环境和社会制度约束下的利润最大化的选择。因此，政府和企业目标函数不同决定了二者行为方式的不同，粤桂合作特别试验区在发展的过程中，政府将自身的价值标准传递或强加给企业，而企业追求利润最大化的个体理性往往与政府追求经济可持续发展的集体理性存在一定的冲突，也必然会在政策制定和执行过程中产生博弈。

### （三）GDP 的核算问题

尽管国家发改委等八部门公布的意见文件提出，政府内部考核时，允许合作方协商分解 GDP、工业总产值、固定资产投资额、进出口额、外商投资额等经济指标。并且指出，园区所在地政府统计部门为统计主体，允许合作方综合考虑权责关系和出资比例，以及能源消费、污染物排放等资源环境因素，进行协商划分，仅作专门用途供内部使用。但按照现行《统计法》的规定，GDP 的核算仍采用属地原则。因此，需要尽快建立和完善科学的核算方法，研究构建类似于 GNP 的统计指标核算"飞地经济"共建方政府的绩效，去除"唯 GDP 论"。

## 八　结语

党的十八大以来，以习近平同志为核心的党中央在区域协调发展方面做出一系列重要决策，采取了一系列重大创新性举措，谱写了中国区域协调发展崭新篇章。党的十九大报告关于实施区域协调发展战略的部署更有"加大力度""加快发展""深化改革""协调发展""协同发展"等表述，甚至把区域政策与财政货币产业政策并列放到了重要位置，这体现了中国区域发展格局在不断优化的同时，尚有诸多不稳定、不协调问题亟待解决。粤桂合作特别试验区作为党的十九大"建立更加有效的区域协调发展新机制"的先行典范之一，在促进东西部、沿海内陆、跨省（区）协调发展方面，在创新合作发展模式、积累宝贵经验的同时，也还面临着人才储备、技术支撑、新动能培育、政策协调等诸多挑战。试验区要继续推进园区建设试点示范，总结经验教训，加强两省（区）间统筹协调，促进形成政策合力，确保政策有效可行，更加有效地深化粤桂区域合作，最终形成区域协调发展的粤桂合作新模式。

# 粤桂合作特别试验区
# 体制机制问题研究

吴 青[*]

为贯彻落实《中共中央关于全面深化改革若干重大问题的决定》中提出的关于培育新的区域经济增长极，有效地推进区域之间优势互补、良性互动、共同发展的国家区域发展总体战略，广东、广西两省（区）突破行政区划限制，在两省（区）交界区域建立了中国第一个横跨东西部的省际合作区"粤桂合作特别试验区"（以下简称"试验区"）。

2014年10月14日，广东、广西两省（区）政府在广东省肇庆市封开县和广西梧州市万秀区交界处举行了粤桂合作特别试验区联合启动仪式，标志着试验区的建设正式启动。到如今，试验区已走过了三个多春秋。三年中，在党的十八大和十八届三中全会精神指导下，在《国务院关于进一步促进广西经济社会发展的若干意见》《珠江三角洲地区改革发展规划纲要（2008—2020年）》《"十二五"粤桂战略合作框架协议》《关于建设粤桂合作特别试验区的

---

[*] 吴青，北京市金杜（广州）律师事务所合伙人。

指导意见》《粤桂合作特别试验区总体发展规划》以及《粤桂合作特别试验区建设实施方案》等文件指引下，试验区在经济发展、招商引资、体制机制创新、基础设施建设、生态环境保护等方面做出了积极探索，取得了显著的成就，获得了许多好的经验，但也在探索的过程中遇到了一些问题，如规划如何落地、参与各方如何协作发展等实际困难。

作为中国第一个也是目前唯一一个横跨东西部的省际合作试验区，试验区体制与机制的探索与创新、取得的经验以及面临的问题，是值得总结与讨论的。本文将从试验区的建设情况、存在的问题和相应的对策及建议三个方面就试验区体制机制问题展开讨论。

## 一 粤桂合作特别试验区的建设情况

粤桂合作特别试验区，以广东肇庆市和广西梧州市交界为中轴，由双方各划出70平方公里共计140平方公里组成，其中包括100公里的主体区和40公里的拓展区。试验区地处"三圈一带"（珠三角经济圈、泛北部湾经济圈、大西南经济圈和珠江—西江经济带）的交汇节点，是东西部边界、省际边界和流域边界交集叠加区域，是21世纪海上丝绸之路和面向三南（西南、中南及华南）战略支点的重要节点，是广西"双核"驱动发展战略的重要支撑，是中国区域发展珠江—西江经济带的重要组成部分。

试验区的建设定位为珠江—西江经济带新增长极、西江流域生态共建区、省际合作机制创新区、东西部合作示范区，是两广经济一体化发展、东西部合作发展、流域可持续发展先行示范平台和国际区域经济合作新高地。

试验区的设立，有利于促进珠三角经济区、广西北部湾经济区和东盟自由贸易区战略合作，推动西部大开发战略和广东"双转移"战略实施；有利于促进资源要素跨区域合理流动和优化配置，发挥中国东西部地区的比较优势，推动东西部地区在更宽领域、更高层次上开展交流与合作；有利于探索协调两广边界地区资源合理配置和产业布局，切实保护西江流域生态环境；有利于探索新时期区域合作的新途径，创新统筹区域发展的体制机制，打造东西部区域合作的典范。

试验区的建设过程具体如下：

**（一）总体规划**

为深入贯彻国家区域发展战略，落实《珠江三角洲地区改革发展规划纲要（2008—2020年）》《国务院关于进一步促进广西经济社会发展的若干意见》，探索建立中国东部与西部产业转移和承接新模式，加快两广经济一体化步伐，实现区域经济合作新突破，广东、广西两省（区）政府联合签署了一系列指导性文件：一是2011年12月，两省（区）政府在北京签署了《"十二五"粤桂战略合作框架协议》，提出在广西梧州市与广东肇庆市沿西江两岸交界区域内共同建设合作示范区；二是2012年11月，两省（区）政府在海南签署了《关于建设粤桂合作特别试验区的指导意见》（以下简称《指导意见》）；三是2014年4月，两省（区）政府正式批复实施《粤桂合作特别试验区总体发展规划》（以下简称《总体规划》），标志着两省（区）正式批准了试验区，也标志着粤桂合作和珠江—西江经济带建设进入了务实合作的新阶段。

《指导意见》就试验区的发展目标、战略定位、合作重点领域、体制机制保障等做出了指导。《总体规划》就试验区的空间布局、产业发展、基础设施建设、生态环境、开发模式和保障措施等做出了具体规划，提出了"三年打基础、五年上规模、十年大发展""一核两轴双翼""三大基地，六大产业"等具体目标和规划。

其中就试验区的体制、机制问题，《指导意见》提出由粤桂双方共同组建试验区管委会，负责试验区的日常行政管理事务。探索共同开发建设新机制，创新公共服务设施建设运营模式。以试验区规划为先导，双方政府先期按比例共同投入一定资金，推进试验区公共服务设施建设，后期由管委会根据财政收支统筹安排完善服务设施，逐步完善社会配套服务体系。

就试验区的体制和机制问题，《总体规划》指出，一是积极探索跨区域合作与开发管理的新机制、新模式，采用"两省（区）领导、市为主体、独立运营"，"统一规划、合作共建、利益共享"，"政策叠加、先行先试"的合作机制，以及市场化运作、合力发展的开发模式。二是按照"小机构，大服务"和"精减、统一、效能"的原则，建立和完善试验区联合工作领导小组、管理机构、开发建设公司三层管理运行架构的准政府体制，在决策和管理上体现政府的强力领导，在经营服务上挖潜和发挥市场的功能，实现"决策机构一元化，管理机构行政化，服务机构企业化"的扁平式直线职能型组织结构。三是通过赋予试验区共享两省（区）及所在市的相关政策并择优适用的同时，加大对试验区更多的政策支持以保障并促进试验区开发。

### （二）实施方案

2014年10月，广东、广西两省（区）政府于第十届泛珠大会期间正式签署了《粤桂合作特别试验区建设实施方案》（以下简称《实施方案》）。《实施方案》指出了试验区在产业发展、基础设施建设、生态环保体系建设等方面的主要任务，明确了试验区创新管理体制和运行机制。

其中，再次重申了《总体规划》中"两省（区）领导、市为主体、独立运营"，"统一规划、合作共建、利益共享"，"政策叠加、先行先试"的合作机制。同时，与《总体规划》相比，《实施方案》细化了三方面内容：一是在肇庆和梧州两市政府作为"试验区建设发展的共同主体"的基础上，加入了"管理的共同主体"，强调两市政府应对试验区的开发、建设、人员派出、管理运营进行具体决策部署；二是提出试验区的开发建设资金由两市政府等比例同等投入，开发建设收益由两市等比例共同分享；三是将《总体规划》中联合工作领导小组、管理机构、开发建设公司的三层管理运行架构细化为四级，分别为两省（区）联合工作领导小组、两市市长联席工作会议、试验区联合管理委员会和试验区开发建设公司。

另外，《实施方案》还明确了各级管理机构的定位和职责。其中两省（区）联合工作领导小组为领导机构，也是试验区最高决策协调机构；两市市长联席工作会议是决策机构，通过定期或不定期召开联席会议，对试验区开发建设中的具体问题进行协调、解决；试验区联合管理委员会为具体执行机构，主要负责落实联系会议的各项决定和具体事宜；试验区开发建设公司为平台公司，由两市等比例出资设立，执行管委会决策，具体负责试验区开发建设的相关事宜。就试验区联合管理委员会，《总体规划》还明确了管委会主任的任职期限和人选要求，管委会的机构设置、机构组成、人员组成和行政管理权限。《实施方案》的制定，使得试验区规划落了地，也为具体推进试验区的各项工作提供了操作依据。

### （三）两市合作框架协议

在广东、广西两省（区）政府层面签订《指导意见》《总体规划》及《实施方案》并将试验区确立为两省合作战略前，为落实《"十二五"粤桂战略合作框架协议》，肇庆市和梧州市（以下简称"肇梧"）经协商一致，于2011年12月16日制定了《肇庆—梧州战略合作框架协议》，并于2014年10月14日再次签署了《粤桂合作特别试验区开发建设两市政府合作协议》（以下简称《两市合作协议》），进一步明确了试验区建设中两市的具体工作内容以及权利义务。

《两市合作协议》从管理机制及机构设置、开发建设、运行、收益及分配、公共服务及其他几个部分对试验区的管理与运行进行了约定。其中管理机制及机构设置章节细化了两省（区）联合工作领导小组的人员组成、决策内容、会议召开；两市市长联席工作会议的人员组成、联席会议召集人、决策内容、会议召开；试验区联合管理委员会的主任、机构设置和职责以及管委会人员的薪酬、待遇和考核，从人事制度上完善了管委会的运转。同时，开发建设章节明确了试验区开发建设公司的设立方案、职责、市场化原则、高管选聘、规范化运营和公务员派驻等，约定了开发建设公司由肇梧两市等比例出资共同投资设立，主要负责试验区的土地一级开发、基础设施建设及相关项目建设，还可根据需要下设投资控股公司及相关基金。

### （四）试验区项目建设及各项工作开展情况

目前，试验区的建设及各项工作稳步开展，在各个方面都取得了一定的成绩。

一是经济指标保持快速增长。根据试验区政务公开信息，截至2017年5月底，试验区入区企业达到266家，新注册企业142家，2017年新增注册企业40家，5月当月新注册企业9家。2014年至今，累计招商引资到位资金209亿元，固定资产投资211亿元，年均增长30%以上。2017年1—5月，试验区完成工业总产值75亿元，同比增长10.2%，占年度目标任务的32.7%；完成固定资产投资40.05亿元，同比增长45%，其中产业项目完成投资16.42亿元，基础设施投资完成23.63亿元；完成招商引资到位资金28.87亿元，同比增长37.5%，各项经济指标保持了两位数增长。

二是试验区目前已形成珠江—西江经济带新增长极，初步实现了创新驱动发展和优势产业聚集。试验区通过"经停挂靠""前店后厂"等开放合作模式，通过"园中园"等市场化开发模式，通过遴选制、助理制等人才管理模式，进行了较有效的资源配置。同时根据"一主两拓多组团""三大基地、六大产业"的功能定位和产业布局，试验区基本形成电子信息、节能环保等产业集群，加工贸易重点园区、军民融合创新产业园等一批产业发展平台初步成形。

三是基础设施建设渐具规模。试验区四大片区累计完成征地5万多亩，基础设施投资3年累计完成126亿元，构建了"内联外通"的交通网络。

四是践行绿色发展理念，加强生态环境保护。一方面，试验区出台了产业十大禁投清单，限制高能耗、高污染及产能过剩项目进入，坚持绿色低碳发展；另一方面，积极引入环保产业、"绿色项目"，包括中关村智慧环境联盟产业园、丰冠风光能发电系统应用与研发基地、北斗导航产业园、国光电子产业园、微软（中国公司）、中兴广西云数据中心、大华智慧信息、台湾科技产业研发中心、比亚迪新能源等在内的270多家高端制造、生物医药、新能源环保项目相继落地入驻园区。另外，2017年5月，总投资约70亿元的中国—东盟环保技术和产业合作交流示范基地在试验区启动建设，未来将被打造成为"一带一路"环保技术与产业合作的先行区、聚集区，强化开发地区生态修复，开展流域生态联防联控行动，试验区的生态环境保护将进一步与世界接轨联动。

五是政策支持力度不断加大，配套制度不断细化。广西壮族自治区全面深化改革领导小组通过并印发了《粤桂合作特别试验区体制机制改革创新先行先试总体工作方案》《粤桂合作特别试验区人事管理体制改革创新工作方案》《粤桂合作特别试验区管理办法》《粤桂合作特别试验区深化工业用地市场化配置改革工作方案》，进一步明确了试验区深化行政管理体制改革、完善财政金融体制、创新园区发展机制等9个方面的主要任务，以及试验区管理办法、人事管理体制改革创新工作方案、深化工业用地市场化配置先行先试改革创新方案，为试验区下一步发展提供坚强的保障。

### （五）试验区的管理体制机制

试验区设立时，跨区域、跨省试验区开发建设在中国尚无先例可循，试验区顶层设计必须创新探索。国家和广东、广西两省（区）在试验区体制机制上做了原则性安排，一是《珠江—西江经济带发展规划》提出试验区要"统一规划、统一布局，探索建立利益共享、责任共担的合作新机制。吸引社会资本参与试验区开发建设、管理运作，探索建立试验区开发建设的市场化利益机制"。二是《总体规划》和《实施方案》提出试验区要积极探索跨区域合作与开发管理的新机制、新模式，采用"两省（区）领导、市为主体、独立运营""统一规划、合作共建、利益共享""政策叠加、先行先试"的合作机制与"市场化运作、合力发展"的开发模式。

根据试验区相关文件，围绕以上原则安排，试验区目前设置了四级管理机构，分别为广东广西两省（区）联合工作领导小组、肇梧两市市长联席工作会议、试验区联合管理委员会和试验区开发建设公司。

## 二 粤桂合作特别试验区建设中的体制、机制问题

### （一）试验区联合管委会

目前，肇庆和梧州两地分别建立了粤桂合作特别试验区（肇庆）管理委员会和粤桂合作特别试验区（梧州）管理委员会，各自确立了包括主任和副主任在内的领导班子，试验区联合管委会已于2015年11月揭牌成立，本届管委会主席由梧州派出。

但在实践中，联合管委会的运作仍显松散，体现在以下几方面：一是人员构成。根据《实施方案》，管委会主任是派出市的常委、副市长，同时挂任对方市的常委、副市长。但截至目前，包括试验区官网在内的公开渠道尚未公布联合管委会的人员构成，联合管委会本届由梧州市派任的主任也暂未挂任对方肇庆市的相应职务。二是管理方式。试验区目前仍按"四统四分"进行粗放管理，即统一领导、分园区落实；统一招商、分产业落户；统一统计、分口径使用；统一政策、分园区管理，导致目前的联合管理仅是形式上的松散型联合管理，并不是原顶层设计中的一套班子集中垂直

管理，明显减弱了试验区的共建合力，难以发挥联合管理统一安排与协调的优势，也难以突破两省（区）行政区划制约、打破可能存在的利益樊篱。

### （二）试验区开发建设公司问题

《实施方案》中规定，肇梧两市等比例出资共同设立开发建设公司作为试验区开发建设的平台公司，执行联合管委会的决策，开发建设公司的管理人员任命、运营规则、业绩考核等由联席会议决定。截至目前，梧州市与肇庆市分别成立了广西梧州粤桂合作特别试验区投资开发有限公司及肇庆粤桂合作特别试验区投资开发有限公司，但尚未共同设立平台公司，在开发建设方面仍未实现由联合平台统一实施。

### （三）试验区合力共建问题

目前试验区建设存在较明显的"西热东冷"现象。一是从新入区及新注册企业数量来看。截至2017年5月底，试验区入区企业达到266家，其中广西片区207家；新注册企业142家，其中广西片区136家。二是从对试验区的宣传和扶持来看。试验区被授予的园区称号中，广西壮族自治区及相关部门授予试验区"广西自治区重点园区、广西加工贸易产业发展重点园区"等多个称号，而广东方面单独授予试验区的仅有"广东省招商引资示范平台""依托粤桂合作特别试验区产业转移集聚基地"等两三个称号；从各种新闻报道和公开信息来看，广西方面在试验区建设方面的曝光也高于广东方面。三是从政策支持来看。广东、广西两省（区）于2014年10月签署的《粤桂合作特别试验区建设实施方案》给予了试验区在土地、财税、金融、合作开放、生态环保五方面共23条政策。目前，广西落实14条，广东落实10条政策。诚然，试验区联合管委会本届的管委会主任由广西梧州派出，广西方面在试验区建设和管理的推动方面有一定的优势，但也可看出，广东方面作为经济较发达的一方在试验区建设及招商方面却有些滞后，对试验区建设还不够积极，推动力还不大，对企业入区引进的宣传和引导力度还不够。

### （四）试验区行政管理机构与权限问题

试验区建设在具体操作层面上仍然存在一定障碍，主要表现在先行先试的特点与传统管理方式及区域建设理念存在冲突。根据《实施方案》和《两市合作协议》，试验区管委会根据试验区的建设需要，遵循"精简、高效"原则，可以采用大部制设立具体的机构。机构组成原则上由肇梧两市的相关派出机构统一办公、联合组成，行使派出方的市、县级机构行政管理权，具体工作内容由管委会统一进行安排和协调。但目前联合管委会仍采取粗放式的管理体制，实行统一领导、分园区落实；统一招商、分产业落户；统一统计、分口径使用；统一政策、分园区管理，在这一制度下，具体的行政管理机构也未实现统一安排和协调，试验区行政管理权限存在分化、分散的问题，导致行政手续涉及部门多、效率低，与试验区精简、高效的定位违背。

## 三 对策及建议

### （一）建议从国家层面解决试验区体制机制问题

试验区出现"西热东冷"现象，主要原因在于两省（区）合作共建的体制机制尚不牢固、不完善。因此，争取国家对两省（区）关于试验区开发建设的支持和协调，有利于试验区的两省（区）共建机制先在国家层面得以解决，再层层向下传递。同时，请求国家对试验区的国家级经济开发区予以明确，有利于进一步从地位上巩固试验区的体制机制。

(二) 建议推进试验区立法

目前，试验区仍未从立法层面上明确两省（区）推进试验区共建工作的主体义务和责任。建议尽快出台《粤桂合作特别试验区管理条例》，推进试验区立法，对试验区合作机制、管理权限等核心体制机制问题以制度化的形式加以明确，促使广东、广西两省（区）和肇梧两地政府积极推进试验区建设发展，确保试验区建设内容事项等不因人事、环境等因素变化而变化，确保试验区企业化模式管理不受行政干预。

(三) 建议加强试验区配套制度建设

目前，试验区的各项建设工作都在同步开展，需要出台具体细则以规范试验区的各项开发建设工作，使其有序化、组织化，例如可以考虑对入园企业进行入园环保核查及定期环保核查，将生态保护作为试验区发展的重要任务，坚持绿色发展理念，做好长远规划，确保可持续发展。同时，出台配套制度有利于将试验区规划中的各项优惠政策和便利条件真正落地，共享国家分别赋予广东、广西两省（区）的相关政策并择优适用，在政策叠加基础上，进一步大胆创新，有所突破，先行先试，吸引企业入驻。另外，应将试验区的日常管理更加制度化、长远化，打破"一亩三分地"的思维定势、着眼大局、统筹考虑、多方联合、协调推进，将区域联动作为试验区发展的重要保障。就试验区的管理制度建设，建议尽快出台细则细化落实试验区联合管理委员会的联合管理模式、机构构成、人员构成和权限问题，真正实现"统一规划、合作共建、利益共享"，同时加强两地机构沟通协调。

**（四）建议加强规划引领和机制对接**

试验区共建中，应继续加强两省（区）、两市规划引领和机制对接。建议两省（区）在编制各自的规划过程中，加强沟通和探讨，将珠江—西江经济带建设、试验区建设的相关内容纳入规划中，实行统一规划、合作共建，并进一步完善合作对接机制，共同争取把试验区建设的重大项目、重大政策等纳入国家规划和各专项规划。

**（五）建议进一步加大对试验区改革的支持力度**

改革创新是试验区的核心竞争力，"政策叠加、先行先试"是试验区在运行管理方面的优势和建设发展方面的驱动力。两省（区）应继续加大对试验区用地、电力、财税等生产要素的改革，实行人事制度改革，建立试验区独立的行政审批机构等，探索共同开发建设的新机制、创新公共服务设施建设运营模式。同时，强力推进工业用地市场化配置改革试点、两广金融改革创新综合试验区、"一带一路"国际产能合作示范区、供给侧结构性改革示范区以及排污权交易试点等重大改革平台建设，落实好目前出台的各项政策和制度。另外，给予试验区较宽松的环境和支持，为试验区推进制度创新、模式创新提供条件，力促试验区加快探索可复制可推广的跨省（区）区域合作经验。

### （六）建议加强试验区信息公开与统一对外宣传

试验区官方网站是试验区对外的宣传窗口，在新时代下，也应承载网上办事的实际功能。但目前试验区官网信息内容不多且更新速度慢，对试验区的机构、人员组成及职能鲜有介绍，特别是"办事服务"一栏未提供任何信息，办事指南及表格下载均为空白页，另外，对试验区的宣传和招商政策介绍也较少。建议加强试验区包括官网建设在内的信息公开和对外宣传，一方面方便打算入驻试验区的企业更为简单快捷地了解项目开展相关的行政审批与登记手续，提高试验区行政效率和服务体验；另一方面集两省（区）、两市力量，统一对外宣传和对外招商，实现效果最大、利益共享。

# 粤桂合作特别试验区升级发展的理性思考与对策建议

张家寿[*]

建设粤桂合作特别试验区，是广东、广西两省（区）政府立足于国家区域发展总体战略全局，推动区域协同发展的创新性实践，也是为推动跨省（区）边界合作积累新经验探索新模式的大胆尝试。粤桂合作特别试验区地处"古代海陆丝绸之路对接点"，随着国家推进"一带一路"建设，粤桂合作特别试验区在国家"一带一路"建设中的战略地位将更加突出，发挥好沿江的区位优势和向东开放的水上门户作用，搭建沿江开放平台，打造西江经济带的新引擎新一极，带动和支撑西江经济带加快崛起，有利于促进西江经济带与北部湾经济区形成江海联动、海陆互动、东西互济的发展新格局。但是，随着经济发展进入新常态，粤桂合作特别试验区发展也面临转型升级、动能转换和结构性调整问题。因此，要以党的十九大精神为指导，按照"创新、协调、绿色、开放、共享"的新发

---

[*] 张家寿，粤桂合作特别试验区建设第一届专家咨询委员会专家，广西壮族自治区区委党校经济学部主任，广西发展战略研究副会长，教授。

展理念，不断推动粤桂合作特别试验区升级发展。

## 一 推动粤桂合作特别试验区升级发展的客观要求

推动粤桂合作特别试验区升级发展，是新常态下区域经济转型升级的内在要求，是全面建成小康社会的本质要求，是加快建成"一带一路"有机衔接的重要门户的战略选择，是新时期以改革促进体制机制创新的实践要求，是推动供给侧结构性改革的示范性举措，是新时代新发展理念的新实践。

### （一）新常态下区域经济转型升级的内在要求

新常态下，经济发展呈现出经济增速换挡、结构调整和动能转换的新特征。粤桂合作特别试验区作为跨省际边界区域共同组成的试验区，是经济发展进入新常态的大背景下建立起来的跨省（区）试验区，也是东西部合作共建的试验区。粤桂合作特别试验区位于肇庆、梧州两市交界的肇庆市封开县西北、梧州市白云山以东的沿西江两岸区域，双方各划70平方公里，共同建设粤桂合作特别试验区，利用国家在两省（区）实施的先行先试政策，按照"产业转移、创新发展、先行先试"的原则，规划试验区的基础设施、产业布局与城镇建设，共同打造珠江—西江经济带、推动东西部合作、加快交通基础设施对接、全面深化产能合作、加强科技创新、环境保护、旅游和社会事务合作。粤桂合作特别试验区作为一种特殊的区域发展类型，资源禀赋、发展水平相近，在区位上存在天然的合作基础，但受限于所属省域的行政管辖与政策制约，难以形成协同发展，总体发展水平较为落后。要解决省际边界区域发展中的问题，必须从注重发挥地方各自的积极性向更加注重区域协同发展转变。但是，国际经济形势发生了新变化，呈现此消彼长的新格局，发达经济体复苏乏力，外部需求出现疲软。国内经济发展进入新常态，经济发展呈现阶段性特征。因此，推动粤桂合作特别试验区升级发展，要适应新常态、认识新常态、把握新常态、引领新常态，实现新常态下的升级发展。

### （二）加快实现全面建成小康社会的本质要求

决胜全面小康社会，是党的十九大提出的历史使命。粤桂合作特别试验区位于珠三角经济圈、北部湾经济圈、大西南经济圈和珠江—西江经济带的交汇节点，是东西部边界、省际边界和流域边界交集叠加区域，是中国唯一横跨东西部两大区域的跨省际流域经济合作试验区。通过"一体化、同城化、特区化"的运作机制模式，统一管理、统一规划、合作共建、独立经营、利益共享，共同推动粤桂合作特别试验区升级发展，促进跨流域、跨区域合作，共建生态共同体、利益共同体、责任共同体和命运共同体，有利于缩小东西部发展差距，对推动广西加快实现全面建成小康社会目标具有重要的意义。加快粤桂合作特别试验区升级发展，有利于更好地解决两省（区）边界人民对日益增长的美好生活需要与不平衡不充分的发展之间矛盾，不仅使两省（区）边界人民过上美好生活，也有利于推进广西加快实现全面建成小康社会。

### （三）加快建成"一带一路"有机衔接的重要门户的战略选择

推动共建丝绸之路经济带和21世纪海上丝绸之路，是新时期国家推动大开放大发展的战略举措，是党中央、国务院在更大范围、更宽领域、更深层次推动区域经济一体化，加快实现中华民族伟大复兴的中国梦的深远谋划。铺就面向东盟的海上丝绸之路，加快建成"一带一路"有机衔接重要门户，打造带动腹地发展的战略支点，加快形成全面开放新格局，是党中央、国务院赋予广西的新定位新使命。面对新形势新机遇新使命，加快推动粤桂合作特别试验区升级发展，打造向东开放合作的水上门户，为加快建成"一带一路"有机衔接的重要门户和打造带动腹地发展的战略支点，推动西江经济带加快崛起，形成区域良性互动，实现区域协同发展，有利于加快形成江海联动、陆海互动、东向双向互济的区域协调发展新格局。

**（四）新时期以改革促进体制机制创新的实践要求**

推动粤桂合作特别试验区升级发展，是贯彻落实党的十八大、十八届三中、四中、五中全会和党的十九大精神，以改革促进体制机制创新，推动区域协同发展的创新性实践。广东与广西两省（区）文化、历史、习俗相近，既有合作的历史基础，又有合作的现实愿望。粤桂合作特别试验区定位为珠江—西江经济带新增长极、西江流域生态共建区、省际合作机制创新区、东西部合作示范区，这是粤桂合作特别试验区在体制机制方面的重大创新，属省际边界区域相互合作体制机制创新的国内首创。加快粤桂合作特别试验区升级发展，促进东西部政策共享、合作共赢、利益均沾，无论对广西加强与周边省（区）合作，形成全面开放合作新格局，还是对国家创新实践，加快形成促进省际边界区域协同发展的新经验新模式，增强区域发展动力，激活市场主体活力，都具有重要的示范性的引领作用。

**（五）推动供给侧结构性改革的示范性举措**

推动供给侧结构性改革，是经济发展进入新常态下寻求发展新动力的重要举措。粤桂合作特别试验区作为发达地区与欠发达地区的合作共同体，在供给侧结构性改革中，具有特别重要的现实意义。推动供给侧结构性改革，促进粤桂合作特别试验区升级发展，不仅有利于更好承接广东的产业转移，而且有利于更好对接粤港澳大湾区和充分发挥 CEPA 政策的优势，推动粤桂合作特别试验区进行产业调整，优化产业布局，打造 CEPA 政策先行先试区，使广西更好地发挥后发优势，实现赶超跨越。

## 二 粤桂合作特别试验区的发展状况分析

粤桂合作特别试验区作为区域发展总体战略的重要组成部分，在两省（区）和两市党委、政府的领导下，根据改革创新要求，按照科学发展观和新发展理念，粤桂合作特别试验区本着先行先试、合作共建的原则，经过几年的艰苦努力，已经做了大量卓有成效的工作，也取得了显著的成绩。

**（一）园区开发建设水平不断提高**

1. 规划管理改革强化科学开发

树立规划先行的科学开发理念，发挥规划引领的作用。在城市总体规划和试验区总体发展规划的指导下，重点做好试验区江南片区（广西）、江北片区、平凤片区的控制性详细规划，统筹四大片区发展，促进区域开发，优化空间发展格局。同时，加快试验区产业发展规划、电子商务发展规划、两广界河景观概念规划等专项规划编制。已制定的总体规划与专项规划，成为落实区域发展战略的重要举措，形成有效的统筹协调机制，强化了试验区开发建设的战略性、整体性和协调性。同时，试验区采取协调会、专题调研、定期督办等多种方式，加强对规划实施情况的监督，积极研究解决试验区建设中的实际问题，全力推动试验区快速发展，促进了粤桂合作特别试验区的升级发展和科学发展。

2. 供地模式改革破解用地瓶颈

充分发挥梧州市作为中国工业用地市场化改革试点的优势，粤桂合作特别试验区不断深化工业用地要素市场化改革，出台《粤桂合作特别试验区关于深化工业用地市场化配置先行先试改革实施办法》《粤桂合作特别试验区关于深化工业用地市场化配置改革国有土地租赁实施细则》等文件，积极争取落实更多土地改革政策，在供地模式、节地模式、土地资源资产资本一体化运作等方面积极探索、先行先试，解决制约工业用地资源优化配置和节约集约使用的体制机制问题。有序实施先租后让、租让结合供地、产业导向供地、投资基金扶持等举措，确保区域均衡发展和产业有序布局。针对企业实际需求有序安排供地，强化退出机制，杜绝企业圈而不建、圈而慢建、圈多少建的不良现象，有效提高土地利用效率。通过土地政策改革，破解试验区开发建设土地要素瓶颈，激活内在发展动力。

3. 行政管理改革提高了行政效率

2016年9月，广西壮族自治区颁布实施《粤桂合作特别试验区体制机制改革创新先行先试总体工作方案》《粤桂合作特别试区管理办法》，使粤桂合作特别试验区行政管理体制改革进入了快车道。以行政审批制度改革为突破口，进一步加大"放管服"改革力度，建立试验区独立的行政审批中心，创新前期工作总承包方式，实现"试验区事试验区办"。改革行政审批办法，公开审批事项，规范审批流程，提高办事效率，讲求服务实效。通过试验区行政管理改革，进一步简政放权，创新行政管理方式，给予试验区改革创新更大的空间，极大地增强了试验区发展活力。

4. 绿色发展改革强化了生态优势

粤桂合作特别试验区自启动建设以来，一直把"生态优先"放在突出地位，秉承"生态、创新、智慧"的发展理念，强化"绿水青山就是金山银山"的发展意识，制定出台十大"禁投清单"，禁止和限制高能耗、高污染和产能过剩项目进入，婉拒了投资逾30亿元、20多个不符合发展定位的项目；创新低碳生态开发模式，选择低碳环保项目入驻，构建生态产业发展平台，打造生态环境优美、经济社会融合的绿色低碳智慧之城。不断完善流域环保联防联控机制，逐步健全区域生态系统服务功能，实施保护性开发。粤桂合作特别试验区从政策制定、产业选择到行政管理等方面多管齐下，有效保护了珠江—西江流域生态廊道和区域生态环境，使生态优势成为粤桂合作特别试验区的亮丽品牌。

**（二）园区经济发展动力不断增强**

1. 科技体制改革强化创新驱动

粤桂合作特别试验区认真贯彻落实体制机制改革创新的科技创新工作部署，大力推进科技体制改革，以科技创新驱动可持续发展，打造新常态下粤桂合作特别试验区发展的新动力。以大企业为龙头整合企业创新主体资源，鼓励各类企业建立科技创新平台。建设以中盟中小企业创业创新基地为代表的科技孵化中心，以西门子创新实验室、微软广西数据中心、中兴云数据信息中心、大华安防信息技术研究中心为代表的科技创新中心，推进科技创新平台建设和科技型企业落户，加快形成高科技产业聚集区。努力构建开放型区域创新体系，鼓励在试验区内共建省级实验室、产业创新联盟和行业研究院，共同实施产学研重大合作项目，增强对接国家和省级创新资源的能力。加强国际科技合作，建设中国—东盟环保技术科技合作与技术转移平台，打造具有合作研发、信息交流、科技培训和成果转化的科技合作新高地，科技创新的驱动力不断增强。

2. 人事管理改革激发用人活力

人事管理是粤桂合作特别试验区发展的重要手段，人事人才工作的活力取决于人事人才管理的体制和机制。试验区处于欠发达地区的梧州市和处于发达地区的肇庆市，干部职工的收入水平低，传统人事管理体制的弊端日益凸显，人事管理机制不活难以吸引高素质人才。为了解决人才瓶颈问题，试验区大力推进人事管理制度改革，自治区通过了《粤桂合作特别试验区人事管理体制机制改革创新工作方案》，确定试验区薪酬为梧州市体制内同级别工资的三倍左右，还明确了竞聘上岗、薪酬收入分配、绩效考评等实施细则。在管委会和投资公司建立岗位管理、身份留档、全员竞聘、按岗定薪、严格考核的人事管理制度，实行按需设岗、竞聘上岗、按岗聘用、合同管理的岗位管理办法。推动年薪制薪酬改革，注重员工收入分配与岗位职责、工作业绩和实际贡献的关系。通过一系列的人事改革举措，创新试验区选人用人体制机制，为吸引人才和发挥人才作用创造了有利条件。

### 3. 金融体制改革增强融资能力

粤桂合作特别试验区重视金融改革创新，实施引金入区战略，不断完善金融组织体系；完善要素市场，促进资金流动；打造金融载体，强化金融支撑；推进资产注入，提升运营能力，发挥金融创新对试验区的助推作用。积极建设两广金融改革创新综合试验区，探索东部资金入桂通道，促进两省（区）金融资源的融合发展，使经济发展水平落差较大的东西部两大板块在这里紧密连接。先后引进深通村镇银行、梧州金洲小额信贷有限公司等金融企业和中金融创、广西合亿资本等投资类企业20多家，设立产业投资基金、基础设施基金、专项建设基金等基金130多亿元。同时探索股权交易中心、PPP项目融资等多渠道的投融资方式，创新市场化开发模式，拓宽投融资渠道，为试验区建设提供资金保障。

### 4. 财政体制改革提高资金效率

改革前，粤桂合作特别试验区不具有一级财政功能，缺乏资金配套和调控能力，制约试验区开发、建设和招商的自主性，影响了资金调拨和支付的效率。在试验区体制机制改革创新中，首先破解财政体制的症结，其他方面的改革才会更容易突破。在《粤桂合作特别试验区体制机制改革创新先行先试总体工作方案》中，明确试验区建立特殊管理一级财政，推进试验区在人民银行设立国库，试验区年度预、决算方案分别在梧州市本级单列。梧州市政府印发《粤桂合作特别试验区（梧州）财政管理体制（试行）》，明确试验区建立一级国库，试验区的收入和支出全部纳入试验区财政预算管理。目前，试验区正推进设立一级财政和一级国库，此项改革激发试验区创新性和经济性，大大提高了资金的使用效率。

（三）区域合作机制创新激发发展活力

1. 创新粤桂合作机制模式

粤桂合作特别试验区是探索省际合作机制的一大创举，由于没有先例可循，必须加强顶层设计，积极探索推进。从2012年出台《粤桂合作特别试验区的指导意见》到2014年的《粤桂合作特别试验区开发建设两市政府合作协议》共四份支撑文件，对试验区目标定位、指导思想、管理体制、合作机制和运营模式的顶层谋划日趋成熟，为试验区运转打下了良好的制度基础。建立了"两省区领导、市为主体、独立运营"、"统一规划、合作共建、利益共享、责任共担"的特别机制，探索建立了新型的政府与市场关系，现有行政区划与跨区域、跨流域共同管理的关系。两省（区）政府的协调机制也取得良好成效，建立了两省（区）联席会议、肇梧市长联席会议、试验区管委会和开发建设公司等四层管理运营架构。试验区体制机制创新的顶层谋划，以及两省（区）政府协调机制的推进，初步形成了具有自身特点的特别试验区模式。

2. 创新政策叠加择优机制

在《粤桂合作特别试验区总体发展规划》中明确指出，针对双方所在区域享有的各项政策，实现在试验区的叠加共享、择优适用，并在政策叠加基础上，大胆创新、有所突破、先行先试。相继出台《粤桂合作特别试验区建设实施方案》23条扶持政策，其中土地政策6条、财税政策5条、金融政策7条、开放合作政策2条、生态环保政策3条，适用于梧州的西部大开发政策、少数民族政策、国家级产业转移示范区政策以及适用于肇庆的广东"双转移"政策、振兴粤东西北政策等均可在试验区叠加选用。如广东企业所得税率则为25%，但按照西部大开发政策，广西企业所得税可享受15%优惠税率，试验区内企业则可以按在梧州注册地享受优惠税率执行。目前，粤桂合作特别试验区管委会积极对接两省（区）相关部门落实土地、财税、金融、开放合作、生态环保等23条优惠政策。试验区政策体现东西部政策叠加优势，形成特别的政策体系，为试验区发展增添了强劲动力。

3. 联手打造开放合作平台

粤桂合作特别试验区积极实施开放带动战略，发挥体制机制改革创新优势，打造多元开放的合作平台。试验区与中国社会科学院、中国电子信息产业研究院、国家战略研究院、深圳市外商投资协会、环保部东盟中心、商务部研究院、香港厂商会、中关村智慧环境联盟等建立战略合作，打造开放合作平台；搭建高科技产业发展平台。包括北斗导航产业园、中国—东盟环保技术与产业合作交流示范基地、中盟中小企业创业创新基地、清华大学环境工程研发基地等。试验区还与科研机构共建协同创新智库，合作共建西江经济带产业发展研究中心，共同发布开放课题，编辑出版试验区年度发展报告（蓝皮书）。通过联手打造开放合作平台，不断提升试验区的知名度和影响力，实现了试验区借力促发展的需要。

4. 深化区域合作战略模式

近年来，粤桂合作特别试验区不断深化开放、合作、共赢、共享的区域合作理念，进一步扩大对外开放，推动形成深度融合的开放创新局面。通过"经停挂靠"合作模式，与珠三角广东南沙自贸区、广州港建立"区区合作、港港联运"关系，直接拥有150多条国际航线，建立了通江达海的物流体系；通过"前店后厂"合作模式，与广东横琴自贸区建立总部与生产基地关系，与广东前海服务区紧密携手合作，前海服务区入区企业生产基地延伸至试验区；通过"前台后台"合作模式，以试验区股权交易中心、环境交易所作为"前台"，联合广东股权交易中心与北京环境交易所作为"后台"，试验区入区企业可以成功登陆广东股权交易中心进行股权融资或者进入北京环境交易所开展各类碳金融交易。

**（四）招商引资质量明显提高**

1. 招商引资规模持续增大

粤桂合作特别试验区建设全面启动以来，招商引资规模持续增大。2014年以来，招商引资到位资金年均保持两位数的增长。2014年，招商到位资金33.2亿元，入园企业143家，其中规模以上企业28家。2015年，招商到位资金50.15亿元，同比增长51.05%。2016年，完成招商引资到位资金66亿元，同比增长31.6%，2017年上半年，完成招商引资到位资金42.63亿元，同比增长23.3%。截至2017年8月底，试验区入园企业达到276家。

2. 高端化产业集聚发展

粤桂合作特别试验区坚持走差异化招商新路，秉持"资源共享、市场共拓、产业共创、资本共赢、基础共建"的"五共"招商理念，出台试验区招商引资支持与服务政策，促进招商引资实现招大引强，促进高端化产业集聚发展。广西微软创新中心、中兴云数据中心、丰歌低碳建造生产基地等一批电子信息、节能环保、新材料等一批重大产业项目和国际知名企业入驻了试验区。比亚迪、志冠、纳米膜等新入驻企业已经实现了投产。初步形成了电子信息、节能环保、食品医药、林产林化、高端装备制造、新材料等产业布局。积极搭建产业发展平台，规划建设加工贸易重点园区（综合保税区)、军民融合创新产业园、两广金融改革创新综合试验区、中国—东盟环保技术与产业合作交流示范基地、新加坡裕廊产业园等,极大地推动了产业集聚发展。

3. 营造招商引资有利环境

粤桂合作特别试验区通过体制机制改革创新,不断加强投资环境建设。在行政审批服务方面,以行政审批制度改革为突破口,促进政府职能的转变,改革行政审批办法,公开审批事项,规范审批流程,提高办事效率。在招商政策方面,在自治区出台"三方案一办法"后,试验区进一步优化投资环境,制定招商引资重大项目支持与服务政策,包括土地优惠政策、厂房建设政策、财政与税收优惠政策、金融扶持政策、股权投资政策、市场开放政策、加工贸易政策、引进投资奖励、生产要素政策、人才政策等十条政策,鼓励和吸引投资,加快重大项目落户。营造投资政商环境,全面实施系列要素改革,激发园区发展活力,扶持建立技术研发平台和人才智库机构,推进CEPA先行先试,强化了试验区与港澳地区的紧密合作。

(五)发挥区域新增长极作用

1. 基础设施建设快速推进

为进一步提升试验区发展支撑,试验区不断加大工作力度,创新工作方式,采取多种措施,加快推进基础设施项目建设,承载能力进一步增强。一是全面加快推进省际联通基础设施建设。广佛肇梧高速公路环城连线、李家庄码头与柳肇(广)铁路连线、西江干流3000吨级航道(改造)、粤桂大桥等加快建设,滨江大道、塘源一路(肇庆段)等正在加快前期工作。二是试验区内部基础设施不断完善。四大片区征地面积达4万多亩，平整场地22000多亩，创造了"粤桂速度"。开发区内污水管网、雨水管网、供水管网、电网，以及学校、市场、棚户区改造等配套设施加快完善，为试验区发展提供了基础条件。公共服务中心完成主体工程，正在加快内部装修，南山公园建成使用；塘源污水处理厂、第二污水处理厂二期扩建、江南和江北给排水及污水管网工程等开工建设；粤桂人民医院、旺步小学、旺步幼儿园、农贸市场及棚户区改造工程等生活配套设施陆续建设或启动前期工作。

2. 园区经济发展高位运行

粤桂合作特别试验区自启动建设以来，园区经济持续增长。2014年，试验区当年累计税收3.81亿元；实现工业总产值146.05亿元，其中规模以上工业总产值113.05亿元；实现工业增加值42.6亿元；完成投资38.46亿元，其中完成工业项目投资17.19亿元，基础设施投资21.27亿元；招商到位资金33.2亿元，占全年计划30亿元的110.6%。2017年上半年，试验区完成工业总产值101.18亿元，同比增长10.1%，占全年目标任务（200亿元）的50.6%；完成固定资产投资45.65亿元，同比增长34.3%，其中产业项目完成18.26亿元，基础设施完成27.39亿元，当年累计税收9.19亿元。试验区主要经济指标保持两位数高位增长，在当前全国经济面临较大下行压力的情况下，试验区实现了逆势发展。

3. 区域战略地位不断巩固

粤桂合作特别试验区自2014年启动以来，紧紧围绕体制机制改革探索与推进，始终保持体制机制创新先行先试优势，创造了"粤桂速度"、缔造了"国家品牌"。试验区国家战略地位不断巩固，国家在《关于进一步加强区域合作工作的指导意见》《关于深化珠三角区域合作的指导意见》等政策文件中，不断巩固试验区作为国家区域合作重点的战略地位。同时，试验区被国家发改委、能源局列为售电侧改革和增量配电业务改革试点单位，试验区内中国—东盟环保技术与产业交流合作示范基地分别列入国家西部大开发"十三五"规划和环保部"一带一路"建设实施方案。试验区的社会影响力不断扩大，通过参加中国—东盟博览会、新加坡环保论坛、桂港经贸活动、中国生态文明年会暨"一带一路"国际合作高峰论坛等系列活动，还有建设专家智库、出版蓝皮书，试验区向国内外传播了"粤桂方案"。

## 三 粤桂合作特别试验区升级发展态势

粤桂合作特别试验区建设工作启动以来，实现了早期收获，取得了显著成效，激发了合作动力，展现了发展活力，呈现了良好的升级发展态势。

### （一）国家战略的助力日益强化

2011年12月11日粤桂两省（区）人民政府签署的《"十二五"粤桂战略合作框架协议》，提出在广西梧州市与广东肇庆市沿西江两岸交界区域内共同建设产业合作示范区，肇庆和梧州两市积极探索，提出突破行政区划限制，建设粤桂合作特别试验区。2011年12月16日，梧州、肇庆两市正式签署《肇庆·梧州战略合作框架协议》，进一步明确建设粤桂合作特别试验区的构想。2012年11月29日，广东、广西两省（区）在海南签署《关于建设粤桂合作特别试验区的指导意见》，试验区建设工作正式提升到两省（区）

战略层面。2013年7月，国务院正式批准《珠江—西江经济带发展规划》，明确粤桂合作特别试验区作为珠江—西江经济带的核心内容和主要载体优先发展，明确支持试验区在重点领域和关键环节大胆探索、先行先试。2014年4月，两省（区）政府正式批复试验区总体发展规划，标志着两省（区）正式批准建设试验区。2014年10月，两省（区）政府主要领导共同签署《两广推进珠江—西江经济带发展规划实施共同行动计划》和《粤桂合作特别试验区建设实施方案》，明确了两省（区）决策协调机构，并出台一系列扶持政策，试验区成为两广共创开放合作的新高地。梧州、肇庆两市市长签署《粤桂合作特别试验区开发建设两市政府合作协议》，粤桂合作特别试验区建设正式启动并进入全面开发建设阶段。打造面向东盟的国际大通道，使粤桂合作特别试验区在面向东盟的开放合作中，增添了开放优势。打造带动腹地发展的战略支点，进一步强化了粤桂合作特别试验区在西南中南地区开放发展中的支点功能和引擎作用。随着国家"一带一路"建设的推进，粤桂合作特别试验区在"一带一路"合作框架下，粤桂合作特别试验区能够更好地发挥港口的集疏运作用，使粤桂合作特别试验区的功能地位和战略作用将进一步得到提升。

**（二）政策机制的内驱动力持续增强**

粤桂合作特别试验区在体制机制和政策顶层设计中，采用"两省区领导、市为主体、独立运营""统一规划、合作共建、利益共享""东西部及两广政策叠加、择优选用、先行先试"和"市场化运作、合力发展"的创新模式，实行体制一体化、机制同城化、政策特区化的区域协同发展模式。

1. 利益共享机制粗具雏形。两省（区）直管，粤桂双方共同组建的粤桂合作特别试验区管委会已经成立。粤桂双方对等出资成立了投资开发公司，负责土地开发、基础设施建设以及招商和运营等。在利益分配上，双方实行利益共享机制，税收和其他收益两省（区）各占50%，真正体现合作共赢，共建共享。

2. 土地储备粗具规模。粤桂合作特别试验区建设所需土地的征地工作总体进展顺利，确保了项目建设用地的需要。到目前为止，已征地23728亩。其中，起步区4843亩，先行区6780亩，社学拓展区9605亩，平凤拓展区2500亩。

3. 资金支持实现新突破。粤桂合作特别试验区获得国家开发银行授信土地收储贷款8.4亿元，4亿元城镇化贷款获审批。还得到国家和自治区政策性资金支持，已落实自治区专项资金2亿元和西江经济带基础设施大会战项目支持资金3.2亿元。广东金融高新区股权交易中心等金融机构与粤桂合作特别试验区签订了《战略合作框架协议》，成立了股权交易中心，首批16家企业在股权交易中心挂牌。16家银行与粤桂合作特别试验区投资开发公司等16家企业签订了合作协议，达成意向金额168.56亿元。

**（三）产业集聚的虹吸效应初步显现**

粤桂合作特别试验区积极搭建合作平台，为企业入驻创造便利化条件。到目前为止，粤桂合作特别试验区搭建了梧州综合保税区（加工贸易园区）、生产性服务业示范区、东西部金融合作示范区、自治区生态产业园区（中国东盟环保技术和产业合作交流示范基地）、粤桂合作企业总部基地以及创业创新基地等六大产业集聚发展平台。此外，还积极争取国家级承接产业转移示范区、国家加工贸易梯度转移重点承接地、全国深化工业用地市场化配置改革试点、广西加工贸易产业发展重点园区、自治区生态产业园区等先行先试政策落地。积极主动对接世界500强、中国500强、知名大型企业和高新技术企业，出台"十大禁投"清单，注重引入税源性项目、研发型项目、生产性服务项目以及高科技项目，使粤桂合作特别试验区在电子信息、商贸物流、节能环保、企业总部经济等产业招商取得了显著成效。电子信息和节能环保产业已粗具规模，集聚发展效应显现。成功引进了广西微软创新中心、北京环境交易所、华润燃气、中兴梧州智慧广西云数据中心及IT产业基地、安富利电子产业园、新加坡产业园、比亚迪运营中心及纯电动客车生产基地、风光能发电系统应用、粤创裸眼3D平板电脑电视生产基地、航天北斗电容生产项目、3D数码打印材料、丰歌科学技术建造生产基地等一批电子信息、节能环保、新材料、商贸物流产业重大项目和国际知名企业落户。

**（四）基础设施建设工作扎实推进**

粤桂合作特别试验区被列为自治区领导联系推进重大项目建设的联系单位，使重大项目建设推进工作有了强有力的后盾。5个重大项目列入了西江经济带基础设施建设大会战计划，总投资达到17.02亿元。江南片区（梧州段）塘源一路有7.5公里路段实现全线粗通，正在建设3公里样板路，包括沿线地块土地平整工程，累计完成投资5.3亿元。塘源污水处理厂已完成场地平整。环城高速公路和西江特大桥正在进行征地和桥墩施工。龙湖大道、国光大道、电子大道、望江路等5条路网主干道正在进行设计招标。华润天然气供气工程完成管网规划方案设计。旺步片区和大户片区棚户区改造项目已完成规划方案设计。航天北斗超电容生产、丰歌低碳科学建造基地、粤创裸眼3D平板电脑电视生产基地、安富利电子信息产业园、大华安防等产业项目完成场地平整工作。公共服务中心项目完成桩基础招投标，主体工程由葛洲坝公司承建。地质灾害和防洪排涝工程已完成设计和实施方案。启动了江北片区纵向主干道工程等一批重点项目的前期工作。食品医药产业园路网、给排水及扶典冲排水主渠等基础设施工程全面推进。拓展区社学片区（梧州）进城道路及纵二、横一、横二路网工程前期工作加快推进。江南片区（肇庆部分）征地工作加快，平凤片区路网工程建设进度加快。

### （五）稳增长政策助力见实效

2015年以来，受错综复杂的国际国内环境影响，在不确定因素影响增多的情况下，广西及梧州经济运行总体平稳，但经济下行压力很大。广西壮族自治区人民政府和梧州市人民政府根据党中央、国务院关于"稳增长"的工作意见，出台了48条"稳增长"指导意见，粤桂合作特别试验区从发展大局出发，采取切实措施，精准发力，积极争取有关"稳增长"政策落地，为推进粤桂合作特别试验区升级发展产生了实在的成效。

1. 加快落实峰谷分时电价政策，减轻了企业发展负担

针对粤桂合作特别试验区发展情况，广西壮族自治区物价局出台了在粤桂合作特别试验区和粤桂县域经济产业合作示范区实施峰谷分时电价政策，并于2015年7月1日起实施。粤桂合作特别试验区认真研究和落实相关政策，并与入园企业召开服务企业座谈会，落实峰谷分时电价政策中，所有企业均可享受该政策，并按照

用户自愿原则参与，一定程度上缓解了企业的发展困难，减轻了企业负担，为企业注入活水。

2. 重大基础设施建设为载体，投资规模进一步扩大

粤桂合作特别试验区作为新开发建设园区，把基础设施建设摆在优先地位。为了加快基础设施建设，自治区层面年初就确定了75个重点建设项目，年度投资计划为39.31亿元，保证项目建设所需资金。在经济下行压力增大情况下，突出抓好基础设施项目建设，有力地支撑了园区发展，增强了园区发展动力、活力和后劲。粤桂合作特别试验区江南片区塘源一号路、望江路、国光大道等、社学片区横一、横二、纵二、进城道路等共39项基础设施以及国光电子产业园、粤创高科、丰歌、安富利电子、航天北斗等36项项目场地平整和建设工作扎实推进，确保了园区建设的良好势头。粤桂合作特别试验区还认真贯彻落实梧州市委市政府"三年一工程"和"城市建设提升三年工程"等要求，协调帮助落户企业解决开工建设有关问题，加快落户企业的建设进度。航天北斗、桂东食品医药检测中心等重大项目已经开工建设。安富利电子、粤创、嘉进电子商务物流、丰歌等落户企业的项目也在加紧推进，确保项目投资拉动促发展促增长。

3. 资金筹措能力进一步加强，后续资金保障到位

粤桂合作特别试验区除了争取自治区和梧州市政府层面有关资金的支持外，还认真研究有关融资政策，探索市场化运作的融资模式，多措并举，多渠道解决融资问题。积极争取各类专项资金支持，撬动和引导社会资本参与项目建设。目前，粤桂合作特别试验区取得自治区重点园区、生态产业园区等专项支持资金2500万元。积极对接金融企业，加强与各大银行的沟通、协调，争取各大银行

的大力支持，已经获得国家开发银行、交通银行、建设银行等各类银行支持资金15.2亿元。创造条件，创造设立各类发展基金，满足项目资金需要，已经获得政府地方债券支持资金1亿元。还研究加快筹备设立各类产业投资基金，畅通融资渠道，保障资金融资到位，满足产业投资发展的资金需求。

4. 努力争取简政放权，进一步提升服务意识

粤桂合作特别试验区与自治区和梧州市政府有关部门加强对接，以简政放权简化审批环节为抓手进一步优化服务，增强服务意识，缩短审批时间，提高办事效率，推动项目加快落地建设。积极争取落实广西壮族自治区编办《关于加强和规范开发区机构编制管理的指导意见（试行）（2105年1号）》，积极争取自治区及梧州市政府各部门进一步简政放权，优化行政审批，推动用地预审、规划地址、环保审批、节能审查等审批权限与投资项目审批核准备案实现流程简化，对符合条件的重大项目随报随审。

## 四 粤桂合作特别试验区发展的经验总结

粤桂合作特别试验区建设以来，坚持改革创新，先行先试，边探索边实践，在推动省际边界区域创新发展积累了一些宝贵的经验，为推动区域协调发展探索了一些可复制可推广的经验，值得总结推广。

### （一）把试验区改革发展与对接国家层面需求有机结合起来

粤桂合作特别试验区运行以来，始终把服务国家战略作为根本出发点和落脚点，坚持改革创新，发挥体制机制创新先行先试和示

范带动作用。一是立足国家战略，把试验区建设放在国家战略全局的高度谋划，主动对接国家战略需求。充分发挥试验区在珠江—西江经济带国家战略中的先行示范平台和"一带一路"重要战略节点作用，不断深化两省（区）合作，努力建设珠江—西江经济带新增长极、生态流域共建区、省际合作机制创新区和东西部合作示范区，这既是国家区域发展战略全新部署的具体体现，也是贯彻落实中央精神推进改革创新的具体实践。二是把试验区改革发展与国家战略联动起来。全面实施系列要素改革，推进土地改革、财政改革、金融改革、人事改革、行政改革等制度创新，促进经济发展方式转变，不断突破发展瓶颈，对供给侧要素改革具有积极的示范效应，在一系列重点领域大胆探索，为国家区域合作、东西部合作、流域开发合作积累新的经验，发挥先行先试示范作用。

### （二）坚持按照新发展理念探索"粤桂方案"

粤桂合作特别试验区提出的"生态、创新、智慧"的园区发展理念，与"创新、协调、绿色、开放、共享"五大新发展理念，在本质上是一致的。贯彻落实新发展理念，以改革创新为手段，为建立更开放、更有活力的体制机制树立示范样板。一是坚持创新发展理念，推进制度创新、产业创新、技术创新、模式创新，营造经济结构优化、发展动力转换、发展方式转变的良好态势；二是坚持协调发展理念，通过交通互联、产业互补、信息互动、开放合作、资源共享等措施，实现东西部、跨省际与流域的社会协同管理、经济协调发展、环境共同保护的良好局面；三是坚持绿色发展理念，通过制度建设、政策制定、产业选择和行政管理，创新试验区低碳生态开发模式，推进试验区绿色、低碳、生态、循环发展；四是坚持开放发展理念,加强与国内外先进区域(园区)的合作,深化区域合作战略模式,不断完善开放合作机制;五是坚持共享发展理念,倡导"资源共享、市场共拓、产业共创、资本共赢、基础共建"的"五共"理念,建立"合作共赢、互惠互利"的共享发展机制。

**(三) 坚持顶层设计与地方推动相结合**

一是广西壮族自治区层面高位谋划,加强顶层设计。从2012年出台《粤桂合作特别试验区的指导意见》到2014年出台的《粤桂合作特别试验区开发建设两市政府合作协议》等文件,对试验区目标定位、指导思想、管理体制、合作机制和运营模式的顶层设计日趋成熟,为试验区顺利运转打下了良好的制度基础。广西对试验区建设给予大力支持,试验区相关体制机制创新的调研报告分别获得了时任自治区党委书记彭清华、自治区政府副主席蓝天立、张秀隆等领导的重要批示,推动"三方案一办法"政策文件出台,进一步给试验区"赋权松绑",自治区发改委等部门对试验区直接指导和大力支持。

二是梧州市主动作为,全力推进。梧州市委、市政府把试验区建设放在重中之重的位置,全力推进落实,成立贯彻落实试验区改革"1+3配套文件"总体协调领导小组,组建由市委书记黄俊华为组长的总体协调机构,同时成立行政审批改革、财政金融改革、人事制度改革和土地管理改革四个专项工作小组,协调"1+3配套文件"落实过程中遇到的问题。梧州市还建立"两区一城"建设联席会议制度、"三年一工程"试验区项目统筹指挥部会议制度,定期协调解决试验区建设过程中的实际问题,在市层面统筹推动试验区建设。

## （四）重视和加强文化建设，激发干事创业活力

一是大力弘扬"粤桂精神"，为试验区改革创新提供坚强有力的精神动力。粤桂儿女筚路蓝缕、砥砺前行，实行"5+2""白+黑"的工作方式，奋战在一线，发扬"敢于创新、勇于拼搏、善于协同"的粤桂精神，每年评选"感动粤桂十大人物"，大力弘扬"粤桂精神"。

二是扎实推进党建，为试验区改革创新提供思想保证。试验区坚持落实党建责任，以党建带发展，以发展促党建。围绕"两学一做"学习教育，成立试验区党总支部、结合"粤桂合作，党建先行"主题，开展党员领导干部互派讲党课活动、以"西江党旗红"为品牌，组建肇梧党员联合服务队、举办"粤桂大讲堂"和专题讲座，强化干部职工廉政警示教育，实行"互联网+党建廉政教育"模式等。

三是重视智库建设，为试验区改革创新提供智力支持。组建试验区战略发展中心、专家咨询委员会，共建西江经济带产业发展研究中心、产学研联盟、法律服务团等智库机构，为试验区改革创新设计方案、提出咨询建议、加强评估监督，发挥"智库"优势和引领作用，帮助试验区破解发展难题。

## （五）注重改革创新和试验示范

试验区肩负国家使命，践行深化改革，不断通过模式创新、制度创新、机制创新，推进园区开发建设，激发园区发展活力。

一是形成一批影响深远的改革理念。比如实行产业投资负面清单管理模式，培育了"法无禁止即可为"的理念；实行自主行政审

批和强化事中事后监管模式，培育了从被动审批向主动服务的理念；创新低碳生态开发模式，打造绿色低碳智慧之城，培育了"产城融合"理念；建立两省联席会议、肇梧市长联席会议、试验区管委会和投资开发公司四层管理运营架构，培育了跨区域合作的统筹协调理念，这些理念对广西产业合作园区的开放开发将产生积极的影响。

二是形成多种可示范的创新模式。其中包括金融改革、土地改革、人事改革、科技改革、财政改革等要素改革创新模式；包括审批制度改革、负面清单管理、跨区合作管理等行政管理创新模式；实行"经停挂靠""前店后厂""前台后台""轻资入驻"等开放合作创新模式；实行引智招商、环境招商、资本招商、精准招商、科技招商、展会招商等招商引资新模式；实行低碳生态开发模式、园中园开发模式、市场化引资开发模式等开发建设创新模式，为全区全面深化改革，建立更开放、更有活力的体制机制树立样板，发挥了示范带动作用。

## 五 粤桂合作特别试验区升级发展面临的困难及存在的主要问题

粤桂合作特别试验区升级发展的基础基本夯实，升级发展的条件基本具备，投资"洼地"效应显现，产业链条延伸拓展。但是，在经济发展新常态下，粤桂合作特别试验区升级发展面临的问题和困难依然较多，需要认真研究解决。

### （一）两省（区）共建力度不平衡

试验区广东、广西片区开发建设差距不断扩大。2016年年底，广西片区累计完成征地近 4 万亩，场地平整总量达到 1.56 万亩，在建或建成道路 20 条。而广东片区平凤拓展区虽有动作但土地平整、路网建设等迟缓，其他区域的征地工作尚未启动。广东片区 2016 年仅新增开发面积 1500 亩，基础设施建设相对滞后。在招商引资方面，广东片区招商引资偏冷。试验区引进企业达到 242 家，其中广东片区 57 家。新注册的 118 家企业中，广东片区仅 4 家。2016 年，广西片区企业共入库税收 1.53 亿元，广东片区只有约 2000 万元。

造成试验区发展不协调问题的原因，主要是两省（区）合作共建力度不一致。

首先，政策落实力度不一。《粤桂合作特别试验区建设实施方案》明确了五方面 23 条政策，目前广西片区已落实 16 条，广东片区落实 11 条。广西有多个配套文件推动试验区相关政策落实，包括实行土地指标单列、给予专项建设资金支持、出台试验区"1+3 配套文件"等。广东方未从政策层面出台行之有效的文件支持试验区开发建设，尤其是"1+3"政策文件尚未出台，制约试验区体制机制改革同步推进。

其次，两市对试验区重视程度不同。肇庆市未把试验区的建设提高到与梧州市同等重要的战略地位和发展定位来考量，广东片区的建设主体实际上落到封开县，仅靠封开县的人力、物力、财力和资源搞建设，难以承担国家战略重任。

最后，广东片区控制性详规滞后。广西片区的江南、江北和社学三大片区的控规已完成审核，但广东封开县属于生态保护区域，江南片区控规没有批准实施，土地指标没有落实，影响开发建设的进程。

## （二）一体化合作机制未突破

遵循"统一规划、统一建设、统一管理、统一招商、利益共享"的原则，设立粤桂合作特别试验区管理机构，负责日常的运营管理，是广东、广西两省（区）政府已批复的总体发展规划明确确定的。但由于《粤桂合作特别试验区建设改革创新先行总体方案》和《粤桂合作特别试验区管理办法》还没有正式出台，粤桂合作特别试验区在很大程度上还缺乏独立的管理职权，对行政审批、土地开发、财政税收、管理权限等不能进行统一的配置管理，开发建设工作未能实现整体快速推进，总体成效还不明显。因此，加快出台《粤桂合作特别试验区建设改革创新先行总体方案》和《粤桂合作特别试验区管理办法》，按照"高效精简、区内事区内办、重心下移"的要求，通过管理制度创新将国家和自治区赋予地市的项目审批、规划建设、土地征用、林地指标、劳动人事等有关政策试点，优先放到粤桂合作特别试验区先行先试，才能确保事权到位、自主灵活和高效运作。

试验区建设虽然得到粤桂两省（区）的大力支持，制定的顶层设计方案从发展目标、战略定位、空间布局、合作领域、体制机制等方面都有所论述，但这些都是宏观抽象的，只具有统揽全局和指导作用。由于两省（区）的发展战略取向不一致，广东省部分部门在认识试验区推进跨省区域合作的现实意义上有待深化，双方在推进合作机制上未能"同频共振"，制约着试验区进一步落实相关体制机制改革任务。

首先，落实试验区统一管委会不到位。两地管委会联动发展的局面基本形成，仍然沿袭"四统四分"方式支撑运行。

其次,未按照"对等投入、收益对等分配"原则,实行等比例出资组建联合开发公司、等比例投入开发建设资金。目前广东对试验区的资金支持力度不足,2016年广西片区完成固定资产投资65亿元,广东片区完成投资额仅4.53亿元,与当初试验区双方对等投入的原则相去甚远。在行政区管理体制下,行政区经济特征依然强大,区域内城市难以跨越行政区划范围协调有关区域发展问题,区域合作不是那么紧密有序,合作的主动性、合作的广度和深度都不够,无法体现突破行政区划壁垒、打破利益樊篱的改革目标。

### (三) 缺乏多元化的协调机制

试验区建设发展过程中起主导作用的仍是粤桂两省(区)政府和梧肇两市政府,主要是粤桂两省(区)政府和梧肇两市政府的联席会议和合作协议,协调机制运行的主体和方式单一,其他协调机制手段十分有限。在中央政府、省政府、市政府、区域性协调机构、行业协会、学术研究机构等层面协调机制尚不完善,非政府协调组织如行业协会、学术机构、智库机构发展缓慢,尚未发挥应有的协调作用。由于缺乏成熟的、制度化的机制与组织,限制了地方协调合作向更深层次的方向拓展。同时,由于中国地方政府没有跨越行政区的立法权力,通过地方政府联席会议等方式达成区域合作协议,尚未上升到法律层面,不具备法律强制性,这一合作模式单靠地方政府协调机制,在实施相关区域合作规划时却难以避免体制与利益冲突。因此,试验区相关政策突破和试点仍需获得国家层面的支持以及两省(区)相关法律法规的许可,才能促进地方协调合作向更深层次的方向拓展。

### (四) 高端专业人才资源匮乏

人才是推动发展的源动力。粤桂合作特别试验区在人才引进和管理上，还存在薪酬制度单一，激励机制不足，工资绩效挂钩分配机制尚未建立，人员的收入水平不高，对高素质人才吸引力不强等问题。同时，粤桂合作特别试验区管委会在核定"三定"方案前提下，实行公务员管理体制，随着开发建设的快速推进与专业要求的不断提升，这种"身份"管理带来的弊端日益凸显，无法吸引有闯劲、有创新能力的党政机关人才到粤桂合作特别试验区工作。

试验区实行人事管理体制改革以来，对人才的吸引力持续增强，但总体上仍然缺乏各类管理人才和专业技术人才，并且人力资源队伍整体素质不高。目前管委会的人员结构现状如下：高级职称4人，占比12.12%；中级职称12人，占比36.36%；拥有硕士学位人员5人，占比15.15%；研究生学历人员8人，占比24.24%；无博士学位人员。随着试验区行政审批权限下放，以及亟须推进财政金融体制改革、规划建设体制改革、提升科技创新能力、加强生态文明建设等各项改革创新工作，对高层次人才的需求迫在眉睫。从试验区现有人力资源队伍来看，金融创新、资本运作、规划管理、环保建设、科技管理、经济管理等专业高端人才十分缺乏，人才瓶颈制约试验区完成深化改革任务。梧州市总体上人才不足，科技水平相对落后。梧州市只有梧州学院一所本科院校，尽管学院近年来发展较快，但师资队伍也面临高层次人才引进的困难，办学资源与学科建设欠缺优势，对于满足试验区人才需求的能力也有限。无论是试验区管委会、投资公司，还是入驻企业，都感到试验区专业人才匮乏及高层次人才引进的现实困难。

**（五）改革落实机制不够完善**

随着体制机制改革深入推进，面临的难题更多，实施的难度更大，抓落实促成效显得任重道远。目前，试验区推进改革落实机制有待整改之处：一是缺乏统筹协调组织保障。尽管梧州市成立了落实"1+3"政策文件的协调机构，促进了市直部门支持试验区改革发展，但试验区作为推进改革落实的主体，建立内部统筹协调职能也不可或缺。目前主要由战略发展中心承担改革创新的协调工作，在深化改革进入攻坚阶段，单靠一个部门的力量难以将试验区各部门调动起来，需要在管委会层面成立落实改革创新政策的组织领导机构，进一步增强抓改革促落实的责任意识和工作机制。二是在改革中"重政策，轻管理"。试验区合作是在省级政府推动下进行的，其经济合作多是双方寻求省级政府的政策支持。然而，改革创新政策的落实，都需要强有力的管理措施配套组织实施。试验区目前处于开发建设阶段，精细化管理理念贯彻不到位，内部管理方式粗放，部门职能不完善，人员素质不高，推进改革的能力与水平都有限。在推进改革工作中，有些改革事项涉及多个部门参与，但部门联动机制有待加强，制约改革工作效率提高。三是问题导向意识不强。各部门和有关人员对改革政策学习不够透彻，平时忙于应付日常事务工作，在改革中对发现问题、解决问题及促改革成效思考不多，改革工作的计划性、主动性、创造性不足。

**（六）产业对接的吸引力不够强**

粤桂合作特别试验区产业对接的基础依旧薄弱，对珠三角产业转移的吸引力不够，吸引产业转移的差异优势还未充分显现，互补资源还没有充分开发和利用，产业对接的机制还未健全，导致成规模性的产业转移和对接无法实现。更值得注意的是，肇庆市也在加紧布局，积极对接珠三角地区这一波产业转移浪潮，肇庆市在空间距离上比梧州市更靠近珠三角地区，在对接产业转移方面更具优势，如何协调好与肇庆等地区的产业分工协作关系，增强试验区的吸引力，是一个必须正视的问题。

**（七）改革政策法律环境欠优**

推进试验区改革创新，意味着势必突破原有体制机制的束缚，通过先行先试完成在跨省合作、行政审批、特殊财政、金融合作、人才管理、生态建设等领域的创新。但是，试验区改革创新先行先试，离不开法治的强有力保障，缺乏良好的改革政策法律环境，难以确保试验区先行先试稳步发展。一是缺乏区域合作治理的法律法规。中国地方政府没有跨越行政区的立法权力，虽然如泛珠三角、长三角、环渤海这类跨行政区的经济区，通过地方政府的联席会议等方式达成的某些区域合作协议，但没有上升到法律层次，从而不具备法律强制性。这一合作模式对区域合作的深化发展具有根本性的影响，有可能使区域合作破裂而回归到诸侯经济的格局，最终无法实现整体合作优化的战略目标。二是两省（区）合作共建的体制机制尚不牢固和完善。在促进两省（区）合作过程中，关键是要消除行政区划产生的不良影响。制度建设是区域协调发展的根本建设，由于缺乏更高层面的法规与制度支撑，导致相关体制机制改革与政策叠加机制难以落实，各地区仍然会各自为政，区域规划执行不力、约束力弱化，相关合作协定难以得到有效贯彻落实。当试验区改革创新先行先试政策与现行体制机制不适应时，却无法可依。

三是尽管试验区拥有实施方案、两市合作协议、"三方案一办法"等政策文件，但这些政策分散于各级各类文件中，效力层级不同，政策之间协调性也有待加强，有必要对现有政策进行总结、梳理和整合，以法规形式予以固化，发挥整体效能。四是缺乏先行先试的"容错机制"和"激励机制"。试验区是探索跨东西部、跨省际、跨流域合作的"试验田"，承担着为全国区域合作和区域协调发展探路重任。因为缺乏经验，在先行先试过程中，或许出现探索性失误未达到预期效果的，或创造性开展工作中出现失误造成负面影响和损失的，对于符合容错情形的，需要从制度上对大胆改革创新的干部支持和保护。怎样才能"鼓励大胆探索者，宽容改革失误者，鞭策改革滞后者"，这是当前试验区迫切解决的重要课题。

### （八）投融资支持体系运作力度不够

随着广西推进"双核驱动、三区统筹"的发展战略，广西对粤桂合作特别试验区的建设提出了更高的要求。但是，由于粤桂合作特别试验区处于丘陵地带，基础设施、项目开发建设，都需要大量资金，开发成本也相对较高。近年来，为了解决融资问题，粤桂合作特别试验区先行先试，加快了两广金融改革创新综合试验区创新运营，开拓资本对接渠道，搭建各类融资平台，发行企业债券，组建金融控股集团，加强金融创新合作，探索PPP融资模式。但是，由于缺乏高级金融人才，改革创新难以深入推进。此外，还探索开展金融业务，打造各种融资平台，打造绿色金融示范区。但是，由于种种原因，未能达到预期效果。粤桂合作特别试验区的投融资资金渠道，仍然较为单一，主要通过银行贷款及财政资金渠道提供资金支持，远远满足不了粤桂合作特别试验区融资发展的需要，从某种程度上制约了粤桂合作特别试验区的发展。

### (九) 行政审批不够简化

粤桂合作特别试验区的开发管理涉及行政许可、认可、核准、备案、登记等几十项管理事项，涉及20多个行政管理部门，审批层级多，审批权限的下放和授权不足，导致许多可由粤桂合作特别试验区管委会自主决断和处理的事务不得不向有关部门来回请示。因此，如何抓住当前中央和自治区持续开展简政放权的契机，按照"能放则放，一放到底"的原则，争取两省（区）、肇梧两市加快向粤桂合作特别试验区放权步伐，创新行政审批方式，凡是有利于企业发展、有利于优化投资环境和有利于激发活力的行政审批权限要一并下放到试验区，精简行政审批程序，提高工作效率，是一个迫切需要加以解决的问题。同时需要中央以及两省（区）政府进一步加强协调相关部门，明确对重大项目采取集中行使行政许可、行政审批权，简化项目前期手续流程，提高服务效率，为粤桂合作特别试验区入驻企业提供"一站式"服务，开辟行政审批"绿色通道"。

## 六 推动粤桂合作特别试验区升级发展的对策建议

习近平总书记在党的十九大报告中明确指出，加大力度支持革命老区、民族地区、边疆地区、贫困地区加快发展，强化举措推进西部大开发形成新格局，建立更加有效的区域协调发展新机制。党的十九大报告关于推动区域协调发展的重要论断，对推动粤桂合作特别试验区升级发展具有重要的指导意义。因此，要以党的十九大精神为指引，全面贯彻落实新发展理念，全力推动粤桂合作特别试验区升级发展。

### （一）加强与广东的沟通协调

在两省（区）合作共建问题上，自治区政府和梧州市政府多次主动与广东省、肇庆市政府对接，为谋求合作发展做了许多工作。目前，广东方将"三方案一办法"结合自身情况进行适当调整后，正在推动改革政策文件的出台。但是，试验区发展不协调问题十分突出，建议两省（区）加强区域合作协调机制，共同指导和解决试验区发展中的重大问题和困难，促进试验区双方开发建设取得更大实效。一是协调广东给予试验区同等政策。包括推动23条政策落地及出台"三方案一办法"改革文件，共同赋予试验区同等的支持政策和先行先试政策，尽早实现试验区内"统一政策、统一管理"。二是协调落实顶层制度有关重大合作事项，如投资开发公司筹建，等比例出资组建股份制开发公司、开发建设资金等比例投入等。三是争取广东对试验区大力支持。加大对试验区、专项资金支持、土地改革政策力度；争取将试验区列入国家级开发区、粤港澳大湾区发展规划、综合保税区；推动两广及试验区两大片区之间的重大交通设施项目建设，如滨江大道、粤桂大桥建设、广佛肇梧城际铁路延伸至试验区等。四是争取广东支持试验区开展两广金融改革创新综合试验区、CEPA先行先试政策的先行示范基地以及排污权交易试点等重大改革平台建设等。五是开展全方位对接，推动优势互补、共赢发展。六是加强肇梧两市合作共建，促进各部门协力配合、协同推进。加强联合管委会密切关系，落实届任制管委会主任挂任对方市领导职务，形成推动试验区发展的强大合力。

### (二) 加快推进粤桂合作示范园建设

试验区横跨粤桂两省（区），规划面积140平方公里，承载的经济体量巨大。以试验区现有的财力，无法支撑整个试验区一体化开发建设，特别是广东的建设资金不到位，更难以操作"等比例出资组建联合开发公司、等比例投入开发建设资金"的制度安排，探索"一体化、同城化、特区化"的全新模式，显得任重道远。从实际情况看，目前试验区主要投资集中在起步区，开发建设也多以开山劈地、三通一平等基础设施建设为主，且起步区10平方公里范围也相对较大，开发建设主体也是各自为政，改革的红利难以真正显现。根据上述问题与困难，建议加快粤桂合作示范园建设，示范园按照"对等投入、收益对等分配"原则，实行开发建设资金等比例共同投入，等比例共同分享开发建设收益。通过粤桂合作示范园开发建设，让试验区真正"开花结果"，树立区域合作改革创新样板，形成制度创新可推广、可复制经验，充分发挥示范园制度创新先行先试及示范带动作用。

### (三) 建立协同高效的推进机制

1. 进一步理顺利益协调机制

（1）建立更高层协商平台和机制。粤桂合作特别试验区必须由双方省级政府主导，才能充分发挥两省（区）政府作用。要深入研究弄清粤桂合作特别试验区在两省（区）各自的战略棋盘中所处位置，特别是广东关注的重心在哪里？在共建工程中广西希望广东做什么？怎样才能吸引广州、佛山、东莞、深圳等珠三角核心城市的兴趣？从而共享这些发达地区的资本、技术和人才，实现跨越发展。

（2）完善利益共赢机制。粤桂合作特别试验区建设实现风险共担、利益共享和共同管理。要清晰双方的职责清单、任务清单、风险清单。当前，普遍的宣传口径是粤桂合作特别试验区将享受两省（区）叠加的优惠政策，还应进一步具体优惠政策清单，详解多种政策如何叠加，以更好对外宣传和招商引资。

（3）建立生态环境管理机制和责任利益协调机制。要强化"绿水青山就是金山银山"的发展理念，把粤桂合作特别试验区建设与珠江—西江生态文明建设结合起来，进一步优化粤桂合作特别试验区的产业布局，加强高端产业对接。建议两省（区）共同以珠江—西江经济带生态产业融合发展综合改革试验区上报国家争取流域开发相关政策的先行先试。

2. 进一步创新管理运营模式

粤桂合作特别试验区是跨省（区）的区域流域合作，能否破除行政边界的樊篱，使跨省（区）体制机制顺畅运行，直接关系到试验区的发展。在粤桂合作特别试验区运行体制机制上，建议加快健全跨区域合作的决策机制、用人机制、考核机制和运行管理模式，逐步建立决策、协同和执行多层次的运作架构。

（1）建立高层协调决策机制。协调主体的多元化是区域协调机制的重要特征，包括中央政府、地方政府、区域协调组织、学术和研究组织、行业协会等均参与其中，不同的协调主体由于地位和职能不同，发挥的作用也不同，采取的协调措施也各具特色。随着试验区改革发展步伐加快，应考虑组建各种具有各自功能特点的区域经济协调组织，整合多方资源优势，形成一个包含中央政府、省级政府、市级政府、区域性协调机构、行业协会、学术机构在内的多元化、开放式的协调推进机制。建议建立国家珠江—西江发展事务委员会，由国家发改委牵头，建立国家层面的流域统筹协调机构，请求国家将试验区纳入国家级经济开发区，加大试验区建设的政策、资金支持，加大对试验区重大发展平台建设的支持力度，促进试验区的两省共建机制上升到国家层面解决。在促进非政府协调机制建设上，考虑先行试点成立两类区域性中介组织，一类是研究咨询类中介组织，主要是建立珠江—西江经济带发展研究院。研究院的性质是专家咨询委员会，也即是珠西经济带开发建设联席会的咨询机构，独立进行调查研究，开展咨询工作。另一类是建立跨区域行业协会。加强两广同业企业的联合，推动跨区域行业协会建设，强化市场力量对区域合作的引导，促进招商引资与承接产业转移。对涉及粤桂合作特别试验区的各种重大事项的决策、管理机构设置、人员任命和日常运营等重大问题，建议设立粤桂合作特别试验区领导小组，作为跨行政区划协调重大事项的最高机构，实施联席会议制，作为非常设跨省（区）高级协调机构。

（2）形成相对独立的运行机制。建议粤桂两省（区）、肇梧两市相关部门对粤桂合作特别试验区实行多服务、少干扰，减少一般性事务活动，集中精力抓发展。在两省（区）直管体制下，赋予粤桂合作特别试验区市一级财政、土地、规划等职能，按照市级别统筹协调与各级政府部门的对接。

（3）实施"一区多园"型运作模式。建议在粤桂合作特别试验区内根据产业布局规划，形成空间布局上具有不同地理位置的产业发展园区，并形成相对独立的经济功能区。各经济功能区的管理机构由粤桂合作特别试验区管委会派出委任或通过社会招聘管理团队进行专业化管理、市场化运营，最大范围地配置资源。粤桂合作特别试验区管理人员的薪酬待遇建议参照广东地区，以利吸引优秀管理人才，充分调动管理人员的积极性。

**（四）深化人才特区建设，为试验区改革创新提供人才支撑**

人才资源是试验区软环境发展的重要配套，是与试验区社会经济管理、产业发展、公共服务相互促进的系统工程。在现行人事体制改革的基础上，深入推进人才特区建设，为试验区改革创新提供人才支撑。一是深化人事制度改革。认真贯彻实施试验区人事管理体制改革创新工作方案，做好相关人才引进、全员聘用、岗位管理、薪酬改革、绩效考核等工作，建立灵活高效的人事管理体制，特别是要创新绩效考评机制，以绩效管理为重要抓手，推动试验区落实改革发展决策部署、提升精细化管理水平和激发员工干事创业积极性。二是创新人才开发模式。实行"领军人才+团队+平台"的人才开发模式，加强人才载体建设，引导建设一批高层次人才创新创业基地、国家级和省部级产业研发创新中心，打造高层次人才集聚平台。以项目为载体，促进重大科技成果的转化和产业化。三是创新柔性引进人才机制。完善专家咨询委员会制度，通过课题、论坛等方式，凝聚各领域专家智慧，破解试验区发展难题；积极争取国家部委、自治区发改委、住建厅、国土厅、财政厅等重点部门的专业优秀人才到试验区挂职；发挥高级专家特聘岗位作用，重点引进区内外退休专家人才，突破试验区发展中高层次人才短缺困境。四是完善人才合作机制。建议成立两省（区）人才开发合作的协调机构，加强对试验区人才开发合作的组织协调。建立试验区与中山大学人才合作与对口帮扶机制，促进人才交流、科技交流和项目合作，鼓励各类人才来试验区创新创业，形成以人才带动产业的链式效应。五是实现招商引资与招才引智共同发展。加大政策支持力度，积极吸引有研发、高技术、高效益的企业和项目，带动引进企业研发领军人才和创新科研团队。加强重要支柱产业和重大科技项目的人才合作，建立人才工作沟通协调机制，提高支柱产业急需紧缺人才开发效率与水平。

**（五）进一步创新科技和人才使用的体制机制**

粤桂合作特别试验区建设应当主动融入广西壮族自治区创新战略统筹布局，发挥粤桂合作特别试验区的区位、模式、政策等优势，通过产业转移和城市功能互补，建立紧密型的创新合作关系。整合粤桂两地企业、高校和科研机构创新资源，围绕粤桂合作特别试验区的特色资源和共性技术开展联合攻关，共同组建产业技术协作战略联盟、合作共建创新平台、联合实施科技人才培养引进等创新行动，构建产学研协同创新体系。

1. 改革创新人才管理体制。（1）推动"身份管理"向"岗位管理"转变。将粤桂合作特别试验区管委会现有人员原有的身份作为档案身份，按照干部管理权限封存归档保留，建立试验区全员聘任（用）制，实行"因事设岗、因岗择人、竞聘上岗"，通过岗位责任制、任期目标制、绩效考核制等相关制度考核，形成量才录用、能上能下、能进能出的任用制度。（2）实行"以岗定薪、按岗取酬、岗变薪变"的岗位绩效工资制。重点向一线倾斜，向业绩倾斜，对重点岗位的特殊人才和紧缺人才实行协议工资制度，将岗位待遇与职责任务紧密结合起来，让做出一流贡献的人才能获得一流的报酬。（3）取消人才引进审批制。实行人才引进准入制、备案制，加快户籍、编制、档案管理等相关制度改革，突破人才流动中的地区、部门、所有制、身份、城乡等制度性障碍，多运用市场手段推进人才引进体制机制创新；不断完善人才发展服务保障体系，切实解决人才的后顾之忧，真正实现人才"引得进、留得住、用得好"。（4）强化对高层次人才的培养和引进，树立人才强区理念。建立优先适用粤桂两地、肇梧两市最具吸引力的人才政策，探索建立高层次人才个人所得税减免补贴政策，吸引留住人才。开展科技成果使用、处置和收益管理改革试点，建立更为规范、合理、有效的科技成果转移转化收入分配和激励制度，吸引试验区外的科研人员到试验区创新创业。

2. 积极融入自治区创新布局。珠江—西江经济带的11个城市拥有7个高新区，仿效北部湾国家高新技术产业带对北部湾经济区发展的成功经验，已经构建珠江—西江高新技术产业带。粤桂合作特别试验区作为连接梧州高新区、肇庆高新区的特殊区域，建议创新区域发展思路，积极融入珠江—西江高新技术产业带，充分发挥区域内高新技术产业集聚优势，科学配置科技创新和产业发展资源，优化创新创业环境，合理调整产业结构布局。

3. 建立产学研协同创新机制，加强创新平台建设。建议制定相关政策鼓励企业通过成立企业技术中心进行自主研发、承担政府科技计划项目开展合作开发，引导和支持骨干企业联合区外高校、科研院所等组建产业技术创新战略联盟，共同推进创新链与产业链对接和整合。加快建设成果转化基地、科技企业孵化器、技术支撑等各类平台。加强公共服务平台建设，形成科研设施、科研信息等共享机制。开展引智行动，围绕生物医药、节能环保、电子信息、轻工食品等特色领域引进一批科技型骨干企业、独立研发公司和科研机构落户。

4. 加强与党校、行政院校的合作，建成党政干部教育培训的教学基地和学科建设创新平台。建议粤桂合作特别试验区与中共广西区委党校、广西行政学院签订战略合作框架协议，把粤桂合作特别试验区建成党政干部教育培训基地和广西党校、广西行政学院的咨政研究基地和区域经济学学科建设创新平台。

**（六）完善推进改革落实机制，提高深化改革的能力和水平**

广西壮族自治区党委、政府出台"三方案一办法"改革文件，包括九个专项改革任务，具体改革举措数量多，抓改革落实的任务也越重。抓改革部署、促改革落实，最终要体现在实际成效上。建议试验区全面加强改革落实机制：一是建立统筹协调机制。加强梧州市专项工作组在改革实施方案设计、改革事项推进和重点改革上的沟通协调，实现改革任务全局谋划、改革工作整体推进，形成各具特色改革亮点的全面深化改革新模式。同时，在管委会层面建立落实改革政策的领导小组，由试验区主任担任组长，由试验区领导班子、各位委员、部门负责人组成推进改革领导小组，办公室设在战略发展中心，尽快建立起试验区推进改革的工作机制，加强部门工作联动，形成落实改革的合力。二是推行改革督促评估机制。不断加强督查工作力度，持续向梧州市和试验区传导改革压力，打通改革落实"最后一公里"。建立改革评估常态化机制，委托社会智库开展第三方评估，加强对改革的跟踪问效，及时纠正偏差，明确深化方向，真正将改革进行到底。三是完善信息报送机制。试验区通过编发《改革与探索》《粤桂合作特别试验区发展报告》，积极搭建改革信息交流、宣传平台。利用网站、微信等平台形式，全方位、多媒介报道试验区行政管理体制改革、财政金融体制改革、人事制度改革等工作情况，不断提高试验区改革工作的知晓度和影响力。四是提升管理水平。对于承担深化改革任务的试验区，如何提高管理水平，实现科学管理、精细管理，对于提高改革工作效率具有重要意义。

## （七）推进试验区法治化管理，立法引领改革创新先行先试

法律手段是以法律规范来促进区域经济的发展，是市场经济向纵深发展的内在需求。对于试验区，现时已经到了改革的关键节点，以立法引领改革势在必行。在制度创新的过程中，处理好改革与法律的关系，既要在法律的规范下敢于创新，做到有法必依，又要适时适应改革的需要，将制度创新上升到法律法规的层面，做到有法可依，及时巩固改革创新成果。建议试验区把立法工作作为重中之重，深化行政、规划、立法之间的制度性协调，加强行政手段、经济手段和法律手段的有机配合，形成政策、法规与利益协调的长效机制，使试验区改革创新政策具有权威性和稳定性。一是制定区域合作治理的法律法规。为了有效扭转肇梧两城市各自为政、缺乏协调的局面，应加强法律手段和经济手段的有机配合，建立有利于跨行政区域建设和管理的法律法规体系，例如制定《促进区域协调发展条例》和《区域规划管理办法》，运用法律手段对地方政府的经济行为进行规范和限制，打破地方封锁和行政壁垒，使相关协调发展政策更具有权威性和稳定性。二是加快启动试验区条理起草工作。为贯彻落实重大改革都要有法有据的要求，试验区的先行先试迫切需要加强法律层面的顶层设计。参照中马（钦州）产业园区条例制定，加快研究与出台试验区条例，明确管委会法律地位、管理权限，省、市政府最大限度地下放权力，给予试验区改革创新

更大的空间，增强试验区发展活力。试验区先行先试的改革事项，都需要上升到制度层面，固化为相关的法律制度，通过地方立法建立与改革试点要求相适应的试验区管理制度。

**（八）进一步优化产业布局，突出产业发展重点**

做好对珠三角产业转移的对接，是粤桂合作特别试验区产业发展的战略性选择。产业资源和产品需求条件的差异，是产业转移的先决条件。要立足粤桂合作，大力承接发达地区产业转移，积极培育和发展壮大战略性新兴产业和现代服务业，加快发展现代农业，着力将粤桂合作特别试验区建设成为资源节约、环境友好的产业转移承接和提升基地、战略性新兴产业培育与发展基地、区域性商贸物流中心和现代服务业基地，把粤桂合作特别试验区建成"一带一路"产业合作新高地。

1. 打造三大产业基地。（1）产业转移承接与提升基地。面向珠三角地区产业转移，积极承接、优化和提升电子信息、轻工食品、林产林化等产业，推进承接产业向高新技术、精深加工等先进制造业方向延升。（2）战略性新兴产业培育与发展基地。通过产学研合作，整合内外部资源，加快推进自主创新和高新技术产业发展，重点培育和发展壮大新材料、生物技术、新能源、节能环保等新兴产业群。（3）区域性商贸物流中心和现代服务业基地。依托西江黄金水道，大力发展现代物流业，形成连接东西部，面向港澳及东南亚地区的商贸物流中心；积极发挥人文、生态与旅游资源优势，加快推进旅游、文化、休闲、养生等现代服务业发展。

2. 重点发展11大产业。（1）电子信息产业。围绕建设国家重要的移动互联网产业基地，重点发展移动互联网终端制造、应用及信息服务、相关电子元器件、计算机及其外设、数字视听、光伏电子等产业，构建技术先进、结构合理、链式发展、竞争力强的以移动互联网为主导、多元发展的特色产业集群。（2）轻工食品产业。以加快承接珠三角及东部沿海地区轻工食品产业转移为契机，依托试验区区位优势和特色资源，积极打造高端家具建材、家用电器及绿色食品加工等优势特色产业链，形成新的轻工产业集聚区。（3）林产林化产业。充分发挥林产林化资源优势，坚持生态、经济和社会三个效益相统一，依托梧州松脂生态产业园，大力发展松香、松节油及松脂精细化工等林产林化产业，延伸产业链、提升附加值、打造松脂精深加工产业基地。（4）生物技术产业。坚持科技创新、重点突破、跨越发展、引领未来的基本思路，重点围绕生物医药及生物制品、生物农业和生物化工等领域，积极培育和引进生物技术相关企业和研发机构，在充分吸纳前沿生物技术最新成果基础上，培育、壮大和形成一批特色优势企业，积极打造国家级生物产业集聚区。（5）新材料产业。依托自身资源优势，优化提升和大力发展高性能稀土材料、有色金属、不锈钢及先进陶瓷等新材料。围绕区域性重点产业配套，大力发展电子、生物、新能源、节能环保等配套新材料。面向国际前沿，积极发展超导、纳米等前沿新材料技术与产业，打造形成两省（区）及我国重要的新材料产业聚集区。（6）新能源产业。坚持新能源装备产业与应用示范并重，围绕打造国家级储能装备产业基地及国家级新能源示范应用产业园区，重点发展锂电池及锌空电池、钠硫电池等新型电池和储能装备，积极推进太阳能、风能、生物质能及浅层热能等新能源示范应用，形成集装备制造、示范应用及相关服务为一体的新能源产业群。（7）节能环保产业。充分发挥粤桂合作特别试验区后发优势和比较优势，紧紧抓住深圳、佛山等珠三角 LED 节能照明产业的转移与外溢的契机，着力打造 LED 节能照明产业群。依托梧州进口再生资源加工园及国家城市矿产基地建设，着力打造再生资源循环利用产业群。同时，积极推动节能环保服务业发展，成为两省（区）新兴的节能环保产业基地。（8）商贸服务产业。优化完善国际化商务办公环境，打造总部经济。积极发展金融、租赁、设计研发及法律、财务、信息中介咨询服务等商务服务业。依托西江黄金水道，通过优化水路、公路、铁路及空港物流的衔接配套，提升物流服务整体效率和能力，逐步打造成连接东西部，面向港澳及东南亚地区的区域性商贸物流中心及国际化物流中心。（9）养生长寿健康产业。充分利用山水绿色、山林湿地资源，以山水休闲旅游、人文景观旅游和生态养生旅游为主导，积极推进沿江高端休闲旅游岸线建设，将休闲旅游与健康养生相结合，开发田园体验、健康运动、观光旅游、休闲度假、健康养生、长寿文化等系列产品，大力发展休闲养生健康服务业，大力打造"福寿城市"品牌。（10）文化创意产业。依托并深入挖掘和弘扬广信文化、广府文化，着力开发区域性特色文化产品，打造集动漫游戏、戏曲演艺、影视基地、休闲娱乐和文化旅游等为一体的文化产业集群。同时，积极发展工业设计、工艺品研发设计等智力型创意设计与研发产业。（11）现代农业。基于粤桂合作特别试验区内保留的若干耕地，综合运用现代科技与先进的生产手段、管理模式，积极引进重点龙头企业，大力发展高效、优质、高产生态农业和高科技农业，促进农业生产经营专业化、标准化、规模化、集约化。积极推进现代农业示范园区建设，实施农业精品战略，提高农产品品牌价值。积极发展高科技特色农业，形成集研发、生产、营销、服务于一体、产业化经营的现代农业示范园。建设集生态绿化、观光旅游、休闲度假、农作体验及科普教育等于一体的都市型现代休闲农业园，推动农业与二产、三产的融合发展。

**（九）强力推进基础设施建设，加快形成便捷的立体网络体系**

粤桂合作特别试验区位于粤西和桂东地区，沿珠江—西江上接桂、滇、黔等资源富集区，下连经济发达的珠三角和港澳地区，承担着开展东西部多区域互利合作的重任。交通对接对粤桂合作特别试验区的建设和功能发挥至关重要。建议立足现实条件、产业基础和长远合作要求，从经济社会发展、城市空间、产业结构调整、土地利用等规划层面做周密细致的对接，实现路网骨架、基础设施布局和城镇体系、产业布局相配套。

1. 密切梧州与肇庆两市的交通对接。优先落实一批迫切需要的交通基础设施项目，重点加快推进相连的路桥建设，积极推进柳肇铁路项目前期工作，加快推进广佛肇高速（梧州至封开段）施工进度。

2. 加紧港口码头扩能建设。推进西江肇庆至梧州段航道3000吨级升级改造工程，使梧州港成为内河集装箱综合运输的大港，进一步密切两地水路运输合作。

3. 加快推进梧州西江机场搬迁工作。促进桂东地区形成全面辐射、快捷高效的水陆空综合立体交通运输新格局，推动以梧肇为核心的西江经济带新兴城市圈的形成。

**（十）进一步提升金融创新服务实体经济能力**

推进金融改革创新，完善金融市场，建立健全金融服务体系，改善金融生态环境，形成金融与经济良性互动，增强金融服务实体经济能力，从而助推实体经济跨越式发展。

1. 促进金融与产业融合发展，建立金融与产业良性互动机制。《粤桂合作特别试验区总体规划》明确提出要充分利用珠江三角洲金融改革创新综合试验区机制，推进金融改革创新。广东的金融创新工作一直走在全国的前列，粤桂合作特别试验区要借助广东金融资源优势，用足用活国家关于西部大开发、珠江三角洲地区改革发展、广西北部湾经济区发展等一系列优惠政策。此外，中国（上海）自由贸易试验区、中国（广东）自由贸易试验区、中国（天津）自由贸易试验区、中国（福建）自由贸易试验区金融创新政策以及云南广西沿边金融综合改革试验区的先行先试实践经验，对粤桂合作特别试验区金融创新具有重要的示范作用。要充分发挥金融促进经济发展方式转变的核心推动力作用，促进金融与产业融合发展，提升金融服务实体经济发展能力，实现金融与产业良性互动发展。

2. 建设具有地方特色的金融服务体系。加快建立服务实体经济的金融市场体系，鼓励和支持跨市场交易工具创新，促进金融基础产品市场和衍生产品市场、货币产品市场和资本产品市场、外币产品市场和本币产品市场联动发展，建立跨市场风险监管和风险处置的联合协调机制，提高市场的资源配置和投融资效率。加快金融产品和服务创新，创新投融资手段，积极发展文化金融、绿色金融、离岸金融、航运金融、租赁金融，集中金融资源支持战略性新兴产业、现代服务业和先进制造业的发展。

3. 加快区域金融合作。金融合作是区域经济一体化的核心环节和重要基础，通过区域金融合作，能够促进资本在区域内的有效集聚，实现金融资源在区域内的有效流动和优化配置，推动区域内产业能力的提高，实现区域内金融与经济的联动发展。广东的金融业比较发达，各类金融组织发展较快，金融资本雄厚，而广西的金融业相对比较落后，通过金融合作，实现优势互补，促进广西金融发展水平的提高，从而实现资金跨省（区）流动。此外，通过金融开放，鼓励境内外金融机构加强合作，不仅有利于吸引更多大企业进驻，而且有利于境内企业在更高层次上参与全球产业分工，建立价值链金融服务体系。

4. 不断拓展融资渠道，建立健全融资体系。积极争取国家层面像扶持长江三角洲经济带、北部湾经济区一样扶持珠江—西江经济带及粤桂合作特别试验区发展，落实不同层面的专项资金、项目资金支持。设立粤桂合作特别试验区一级财政和一级金库，实行"属地征管、地方财政收入全留"的财政管理体制，努力提高资金使用效率。要加大粤桂投资开发公司市场化运作力度，在基础设施建设、置地、物业、园林及产业股权投资等方面开展多元化投资，打造集团化、可持续发展的投融资平台。要加强研究经济改革新常态融资多元化发展模式，积极发展创业引导基金、产业基金、引导设立股权投资基金、基础设施建设投资基金、股票与债券投资基金。筹建粤桂投资开发银行、投融资公司、贷款担保公司。建设大宗商品交易中心。

5. 完善创新创业投融资环境。加强科技与金融的融合创新，通过引导商业银行建立科技（型）支行、引进证券公司为试验区内科技型企业提供上市咨询服务、成立科技融资担保公司，建立和完善知识产权质押登记、科技保险等机制，有效提高自主创新能力。

# 粤桂合作特别试验区管理体制解析

赵京兴[*]

粤桂合作特别试验区（以下简称试验区）是中国第一个跨省界的经济开发区。从试验区正式挂牌启动算起，已有三年多时间了。试验区建设既取得了显著的成绩，也暴露出一些问题。如何从理论上对试验区三年多来的发展经验做出总结，完善和改进试验区体制机制建设，并为其他地区提供经验，是摆在试验区面前的一项重要任务。

自古以来，中国就是一个中央集权制国家，为了实现中央对地方的统治，中国发明了一套按金字塔形划分地域的方法，使得国家每一寸土地都能在这个金字塔中找到自己的位置，并做到每一层都受到上一级的控制。为了保持金字塔的稳定，历朝历代都十分注意行政管理的属地原则，行政执法绝不可跨越所辖地域的边界，否则会视为违法。而试验区就是要打破这千百年来形成的传统，形成一个全新的跨界的经济开发区。

那么，在理论上应该如何认识这一新生事物呢？它的性质又是

---

[*] 赵京兴，中国社会科学院数量经济与技术经济研究所研究员。

什么呢？对它的管理机构试验区管委会来说，也面临着同样的问题。

对这样一个新生事物，在中国现有的行政与行政区划理论中是找不到恰当的理论分析工具的。为此，本文引入了美国特别区和特别区政府的概念。笔者认为，这一对概念为我们认识分析试验区的性质及其管理体制提供了恰当的理论工具。在引入这一工具的基础上，我们首先对开发区及开发区管委会的性质做出了分析。以此为基础，结合近三年试验区运行的经验，对试验区管理体制的成绩与不足提出意见和建议。

我们希望，本文的分析有助于试验区的体制机制建设，并能够为中国今后跨省（区）的合作开发提供一些可资借鉴的经验。

## 一　美国的特别区

顾名思义，粤桂合作特别试验区既然称为特别试验区，自然有其特别之处。那么，粤桂合作特别试验区的特别之处在哪儿呢？有人说，粤桂合作特别试验区特别之处首先特在"特别区位"：试验区位于珠三角经济圈、北部湾经济圈、大西南经济圈和珠江—西江经济带的交汇节点，是东西部边界、省际边界和流域边界交集叠加区域，是中国唯一横跨东西部两大区域的跨省际流域经济合作试验区；还有人说，试验区特在"特别政策"：东西部及两广政策叠加、择优选用、先行先试；也有人说试验区特在"特别模式"：试验区采取"一体化、同城化、特区化"的机制，成立统一的管理机构，实行统一规划、合作共建、独立经营、利益共享。

这些说法当然都有道理，特别是最后一点，对于横跨粤桂两省

（区）的试验区，从其作为经济开发区这一点来看，在国内确实是独一无二的。但是，即便如此，本文认为，这仍然不是要点。

那么，粤桂合作特别试验区的特别之处究竟在哪里呢？

本文认为，粤桂合作特别试验区的特别二字指的是建制的特别，即相对于一般行政区而言特别试验区实际是一种特别区（special district）体制。只有这样理解粤桂合作特别试验区中的特别二字才算抓住了试验区的精髓与灵魂，也才反映了试验区设立的真正价值，据此才能构建起真正能够发挥试验区功能的管理体制和运行机制。

那么，什么是特别区呢？为了回答这个问题首先需要把目光投向大洋彼岸，看看美国的地方政府体系中的特别区。我们之所以这样做，是因为美国的特别区由于其产生的自发性、成长的自主性，比较纯粹地反映了现代行政管理中特别区的内涵，因此更具代表性。

美国的地方政府包括5种形式：县（counties）、自治市（municipalities）、乡镇（township）、学区（school districts）和特别区（special district）。其中，县、自治市和乡镇被称为一般目的政府（general purpose governments），学区和特别区被称为特别目的政府（special purpose governments）。①

通过文献搜索，可以发现，中国对美国特别区的研究成果并不多，除了几本相关的译著和几本研究行政区划理论的著作对这一问题有不同程度的涉及外，就是在中国知网上找到的二三十篇论文。以下通过对这些论著的简要综述，希望能够说清楚什么是特别区，

---

① ［美］文森特·奥斯特罗姆等：《美国地方政府》，井敏译，北京大学出版社2004年版，第2—3页。

它的含义是什么，它有哪些特点。

1. 什么是特别区？它有哪些特点？

按照美国人口普查局的定义，特别区是"除学区以外，独立的、行使有限职能的政府"。换句话说，特别区是一种职能单一或有限，"在行政和财政上独立于其他地方政府"的地方政府类型。用中国行政区划理论的语言也可以把它称为是一种特殊的行政建制单位。

特别区具有如下特点：

首先，在美国的政府架构中，特别区属于地方政府的一种组织形式，大部分承担的是单一功能，没有与特别区对应的议会组织，但同样是一级地方政府，是一种独立的、法人化的政府组织形式。这表明它并不是临时性的机构，也不是某级政府或某个政府部门创设的机构，而是拥有独立权力来源的常设性地方政府。特别区政府不是公用企业，更不是私人机构，而属于美国地方政府诸多形式中的一种。特别区政府在法律依据、管理层构成和产生、财政收支以及所行使的权力等方面均不同于公用企业。譬如在法律依据上，它们必须遵循州政府法典，进行信息公开等，特别区通常是由州任命的委员会管理。[①]

其次，作为地方政府的一种组织形式，特别区的边界实际上可以是跨县、跨市，甚至还可以跨州。特别区之所以称为"特别"就在于特别区边界的划定从根本上来说依据的是特别区政府的特定功能和目的，它可能与县、市等一般目的地方政府的行政区划存在重叠，也可以与其他承担某种职能的特别区重叠。比如某个区域本来

---

① ［美］理查德 D·宾厄姆等著：《美国地方政府的管理：实践中的公共行政》，九洲译，北京大学出版社1997年版，第165页。

是一个供水区，但因为存在空气污染，民众又希望有专门性的政府能处理这一问题，便可能依据污染范围设置特别区政府。这种同一区域存在两个甚至两个以上政府的现象按照中国的行政区划实践是不可想象的。

再次，美国地方政府之间不存在隶属关系。特别区作为一种政府类型，拥有自己的管理层和组织体系，在提供公共服务时拥有独立的行动能力。与独立的组织体系和行动能力相对应的是独立的责任能力，特别区政府与辖区所涉县、市政府之间亦无隶属关系。

最后，与县等一般目的地方政府不同，特别区权力有限，主要限于作为一级地方法人的行为能力和征税权等，原则上并不拥有警察权。正是这一点使特别区与传统的行政概念有实质性不同。按照传统概念行政权就是警察权，作为政府怎么可能没有警察权呢？但这恰恰是特别区这一政府形式的特点。它的主要职责是提供公共服务，若遭遇辖区公民偷漏税、抗税等情况，它可以依据其征税权请求县审计官、征税员的协助，或是采用中断服务的方式给当事人制造压力。有必要指出的是，单个特别区一般只提供一种公共服务，虽然由于都市化和区域协作的需要，单个特别区所能提供的公共服务数量也在增加，但是，它们仍未像一般目的地方政府那样拥有普遍广泛的权力。[1]

美国的特别区是在公民自治和对公共服务的需求两者相互作用的背景下产生的。在18世纪后半叶，由于某些地方政府不能及时有效地提供公民所需的消防服务，一些地区的居民自我联合起来，组建了志愿性的消防公司，公司向特定区域有需求的居民收费，并

---

[1] 张力：《美国特别区政府自治评价》，《环球法律评论》2013年第3期。比较而言，这是较新也是较完整介绍美国特别区的一篇论文。这一部分的综述主要依据该论文做出的。

在发生火灾时提供灭火服务,这构成了早期特别区的雏形。

特别区的大规模发展是 20 世纪特别是第二次世界大战以后的事。由于城市化的快速发展,特别是伴随城市的郊区化,对拓展城市公共服务提出了需求;另外,由于美国州法律会对财产税率及发债规模做出限制,而特别区作为另一种类型的地方政府可以不受这些限制。在这两方面因素的作用下,特别区有了快速发展。1942 年时美国的特别区仅为 8299 个,1952 年陡增至 12340 个,增长率为 49%;1952—1962 年增长率为 48%,1962—1972 年为 30%。20 世纪 70 年代以后增长速度有所减缓,1972—1982 年为 18%,1982—1992 年为 18%,1992—2002 年为 7%。至 2012 年,美国共有 38266 个特别区,占各类地方政府的 40% 多。

2. 中国特殊性建制与美国特别区的比较

按照中国行政区划理论,中国的地方政府也可以划分为一般建制类型和特殊建制类型,后者主要指曾经在 20 世纪 60 年代兴起的被称为特区的行政建制。[①] 虽然听起来特区和特别区差不多,并且按照中国的行政区划理论,这种特区被认为与美国的特别区一样,都是特殊类型建制政府;但是从实际情况看,二者有本质的不同。

在一度兴起的中国特区中,比较有代表性的特区是安达特区(即后来的大庆市)和攀枝花特区(即后来的攀枝花市)。[②] 在同一时期,实行特区建制的还有目前名称依然没变的贵州省六枝特区和湖北省神农架林区等。但实际上,这些特区之所以被称为特区,并非在行政区划本身上与其他行政区有什么不同,在中国这样的单一

---

① 田穗生等:《中国行政区划概论》,北京大学出版社 2005 年版,第 64—65 页。
② 黎 明、田利军:《论三线建设时期特区体制的兴起与衰落——以攀枝花特区为中心的考察》,《乐山师范学院学报》2017 年第 1 期。

制国家中，它们都属于按照同一区划原则和方法设置的行政区。作为行政区域，这些特区与其他行政区一样，也是由上级划定行政区域的范围，也是按照等级制被置于上级政府领导之下。这些都与一般地域型管理模式没有什么不同。它们的特殊性仅仅在于特区政府是一个政企合一的组织，既是企业、矿区或林区的管理者，也是整个行政区的管理者。其实其中的原因很简单。在企业发展初期，由于企业要么建立在荒山野岭之间，如攀枝花钢铁基地，要么建立在荒郊野外，如大庆油田；所以企业、矿区和林区人口几乎就是整个地区人口的全部，因此企业在管理企业的同时实际也就承担了地区管理的责任，自然也就等同于承担了地方政府的责任。随着地方经济社会的发展，特区的人口结构自然会发生改变，随着社会人口的增多，政企合一的管理模式也就难以为继，特区自然而然地也就不"特"了，特区也就随着被一般政府代替而取消。

还有一类行政建制，在名字中虽然也有特字，但与我们上面提到的特别区更完全是两回事。这就是香港特别行政区和澳门特别行政区。它们与其叫特别行政区不如叫特别政治区，因为在这种特别行政区中实行的是与大陆完全不同的另一种制度。

所以可以说，中国行政区划理论中所说的特殊建制类型政府与美国的特别区没有什么可比性，在这个意义上也可以说在目前中国的行政区划中并不存在什么特殊类型建制。

如果一定要以美国特别区的眼光看待中国的地方政府和行政区划，那么，真正与美国特别区相近的地方政府形式就是改革开放以来如雨后春笋般出现的各种名目的经济开发区及其管委会。但是，按照中国的行政区划理论，恰恰是这种政府形式没有资格被称为政府，因此经济开发区也就失去了作为特别区的资格。所以，改革开放虽然已近40年，各种经济开发区已蓬蓬勃勃地发展了几十年，当初似乎只是一种临时性建制的开发区现在已经成为一种常态化存在了，但至今并未因此而获得一个合法的身份。

3. 中国行政区建制与美国特别区建制的比较

中国的行政区划起自秦代，在2000多年的发展史中，形成了一些突出的特点。

首先，用中国行政区划理论的语言说，行政区划一开始就是统治阶级实现其统治的手段。因此，地方政府首先是一个政治组织，是权力组织的一部分。因此，没有权力机关也就构不成一级政府。所以，我们判断一个行政组织是否构成一级政府的一个基本标准就是是否有相应的权力组织——人民代表大会。凡是没有对应的一级人大的政府组织（如地区专区公署），只能算是政府的派出机构或者派出机关，没有资格称为政府。按照这一逻辑，由于开发区没有设置人大，所以不能算是一级政府。

其次，同样，因为过于强调行政区划和地方政府的政治属性，在历史上政府的服务功能基本不被重视，虽然毛主席早就向全党提出了为人民服务的号召，但是长期以来并没有和政权建设相结合，直到20世纪90年代，中国学术界才有人提出服务型政府的理念。

对比美国的特别区，从特别区的产生、发展和特点可以看出，早在18世纪末，特别区的建立就反映出一种服务型政府理念。

正是因为这一点使我们觉得特别区和我们传统的政府概念似乎格格不入，觉得按照特别区的概念使用政府一词似乎在逻辑和语法上都说不通。例如，当我们了解了特别区承担的大多是一种职能而且仅仅是一种服务职能（例如供水）时，我们觉得很难把它称为政府，最多不过是一个政府机构。原因是我们已经习惯了把政府看作是政权机关，离开了政权也就没有政府。但是，按照美国地方政府的逻辑，其职能就是提供服务，包括管理（比如水务分配）也是着眼于服务的。如果我们也能按照这种逻辑来观察经济开发区问题，自然会把开发区管委会视为一种特殊类型的政府，虽然它没有一级人大与之相配，而且功能也是有限的——主要是发展经济，而把社会管理等职能交给属地政府。

最后，在长达2000多年封建社会中形成的中央集权传统很难在短时间内转变。新中国成立后，按照宪法中国实行的是民主集中制。但是反映在行政实践中，各个行政区政府依然是集各种权力于一身，不可能把一部分权力分割给另一个政府，在同一区域同时存在两个或两个以上的政府。因此，按照这种理念，"经济特区并非地方行政建制单位"，原因是"经济特区所在之处，另有它自身所属的地方行政建制单位。""如深圳经济特区的地方行政建制为市，海南经济特区的行政建制为省。"[①]

而事实是，不仅是深圳，还有全国成百上千的开发区都是在已有的行政区内发展起来的，但是如果没有开发区和开发区管委会这种建制，依靠原来的行政区，开发区是发展不起来的，开发区所承担的功能和发挥的作用是原有行政区不具备的。

使美国特别区能够在实践中发展起来并获得认可的正是这种一般行政区所不具备的功能和作用。特别区成立的原因就在于，居民需要不同方面的服务，譬如公共教育、消防、供排水等服务，当原有地方政府不论因为何种原因不能提供这种或那种服务时，就可以成立提供这种或那种服务的特别区政府，而特别区的辖区范围是由特别区的功能即它提供的服务的范围决定的，这样自然会和原有行

---

[①] 田穗生等：《中国行政区划概论》，北京大学出版社2005年版，第65页。

政区发生重叠，使得同一地区可能同时被两个甚至三个特别区所覆盖，因此同时并存两个或三个承担特殊功能的政府。

## 二　中国经济开发区管理体制问题

2017年1月19日，《国务院办公厅关于促进开发区改革和创新发展的若干意见》一文对中国开发区建设做出充分肯定，指出开发区是中国改革开放的成功实践，对促进体制改革、改善投资环境、引导产业集聚、发展开放型经济发挥了不可替代的作用，开发区已成为推动中国工业化、城镇化快速发展和对外开放的重要平台；并提出要促进开发区体制机制创新，完善开发区管理制度和政策体系，进一步增强开发区功能优势，把各类开发区建设成为新型工业化发展的引领区、高水平营商环境的示范区、大众创业万众创新的集聚区、开放型经济和体制创新的先行区，推进供给侧结构性改革，形成经济增长的新动力。

如果不算深圳等几个经济特区，中国第一个国家级开发区是1984年9月经国务院批准设立的大连经济技术开发区。以后又陆续以高新技术产业开发区、保税区、出口加工区、边境开放区、台商投资区、国家旅游度假区等名义设立了不同名目的开发区，其中不乏冠以试验区名目的开发区，例如11家国家级自由贸易试验区，青海柴达木循环经济试验区，还有20世纪80年代中国第一个国家级高新技术产业开发区——北京中关村高新技术产业园区也曾被冠以"北京高新技术产业开发试验区"的名头。

因此，不言自明，不论从名称还是实际来看，粤桂合作特别试验区都属于开发区序列，弄清开发区面临的管理问题是弄清粤桂合作特别试验区管理体制问题的第一步。

1. 开发区面临的体制问题

从第一个国家级开发区算起，中国的开发区已有30多年历史，目前仅国家级、省级开发区就已达到1959个。中国开发区建设取得了巨大的成绩，为中国经济发展做出了突出贡献。仅以国家级经济技术开发区2015年的几项经济指标为例。该年国家级经济技术开发区地区生产总值、第二产业增加值、第三产业增加值、财政收入、税收收入和进出口总额，占全国同类指标的比重就分别达到了11.5%、20.3%、6%、9.6%、10.5%和19.4%。不能不说这是一组十分惊人的数据，也反映了全国开发区所取得的辉煌成绩。但是，说来可能让人不信，不论是开发区还是作为目前开发区的主流管理组织——开发区管委会，都是不合法的！

例如，在2004年11月23日最高人民法院审判委员会第1334次会议通过的《关于审理涉及国有土地使用权合同纠纷案件适用法律问题的解释》中就明确指出，开发区管理委员会作为出让方与受让方订立的土地使用权出让合同，应当认定无效。原因是，按照这一司法解释，开发区管理委员会不具备行政主体资格。

虽然国家有关部门明确表示，"国家高新区原则上不与所在行政区合并管理或取消管委会建制"。但是近年来不断传出一些开发区与所在行政区合并的消息。原因是不合并许多事情办不了。所以只能忍痛割爱，放弃开发区管委会这一精简高效的管理体制。

2. 问题的原因分析

综合国内研究成果，造成上述局面的首要原因就是开发区管委会行政主体地位不明确，具体原因来自以下几个方面。

第一，按照《中华人民共和国地方各级人民代表大会和地方各级人民政府组织法》第一条规定,"省、自治区、直辖市、自治州、县、自治县、市、市辖区、乡、民族乡、镇设立人民代表大会和人民政府",其中并没有提及开发区管理委员会,同样在《宪法》有关条文中也没有提到开发区和开发区管委会。地方政府的设立是由《宪法》和地方政府组织法规定的,因为其中没有相关的规定,所以开发区和作为开发区政府的管委会没有法律依据。迄今为止,开发区成立和存在的依据主要是省级人大或国务院某些部门(如商务部、科技部)的文件。即便能够把这些文件视为行政法规,它们的级别层次也不够。一旦遇到行政诉讼,严格论究起来,开发区及其管理者——开发区管委会甚至可以说是违宪的。

第二,开发区管理委员会也不是政府职能部门的派出机构。派出机构作为一个行政法术语,指的是政府中的职能部门根据工作需要在一定区域内设立的工作机构,代表该职能部门从事一定范围内的某些行政事务的工作,原则上这类派出机构没有独立的法律地位。例如,公安局的派出机构派出所。而开发区管理委员会与政府职能部门的派出机构有着明显的区别：一是派出的主体不同,一个由政府派出,一个由政府部门派出；二是法律、法规授权范围不同,开发区管理委员会获得的授权相当广泛,而政府职能部门的派出机构获得的授权非常有限；三是实施行政行为时采用的名义不同,开发区管理机构一般采用自己的名义,职能部门的派出机构一般采用职能部门的名义；四是责任和能力不同,开发区管理委员会在授权内和授权外都是当然的责任主体,而职能部门的派出机构在授权外不能充当责任主体。因此,开发区管理委员会不同于政府职能部门的派出机构。

第三,开发区管理委员会不是地方人民政府的派出机关。地方人民政府的派出机关是指地方人民政府在一定行政区域内设立的行政机关，虽然不是一级人民政府，却行使着一定区域内行政事务的组织与管理权，并能以自己的名义做出行政行为和对行为后果承担法律责任。《中华人民共和国地方各级人民代表大会和地方各级人民政府组织法》第六十八条规定："省、自治区的人民政府在必要的时候，经国务院批准，可以设立若干派出机关。县、自治县的人民政府在必要的时候，经省、自治区、直辖市的人民政府批准，可以设立若干区公所，作为它的派出机关。市辖区、不设区的市的人民政府，经上一级人民政府批准，可以设立若干街道办事处，作为它的派出机关。"尽管开发区管委会与地方政府的派出机关有许多相似之处，但是开发区管委会并没有得到组织法的确认，所以不属于地方人民政府的派出机关。

第四，开发区管理委员会不是"行政机关委托的组织"。被委托组织依据行政机关的行政委托行为而产生。被委托的组织在行使行政职权时，只能以委托机关的名义行使，而不能以自己的名义。被委托的组织行使行政职权过程中所产生的法律后果也由委托机关承担，而被委托的组织不承担任何责任。而开发区管理委员会在职权范围内实施行政行为是以自己的名义进行的，一般情况下也能独立承担法律后果。所以，开发区管委会也不是行政机关委托的组织。

第五，开发区也不是"法律、法规授权组织"。首先，在中国行政法学理论和行政法律体系中，"法律、法规授权组织"是一个有特定内涵的概念，它是指依照法律、法规规定授权行使行政职权的非国家机关组织，无论在法律上还是在学理上与行政机关都有本质的区别。开发区管理委员会尽管在中国行政序列中没有明确的法律地位，但这并不能改变其在实践中作为一个行政机关的事实，因为从其职责权限、人员编制、管理模式等角度来看，它都完全是一个行政机关。其次，虽然开发区条例对开发区管理委员会以列举方式授予了若干权限，但并不能就以此来认定它是一个法律、法规授权组织。任何行政权力行使主体须得到法律之授权乃是行政法治原则的最基本要求。将开发区管理委员会界定为"法律、法规授权组织"显然是对这一概念的一般化，无助于问题的解决。相反，应该厘清被授予哪些权力的组织才能成为"法律、法规授权组织"。

从以上分析可以明白为什么开发区管理委员会不具备行政主体资格，集中到一点就是开发区和开发区管委会缺乏明确的法律定位。开发区和开发区管委会法律地位不明确不仅阻碍了开发区运行和开发区管委会职能的发挥，同时也不利于开发区本身的工作，极易导致开发区管委会滥用权力，扭曲开发区工作的方向，丑化开发区的形象。

## 三　正确认识和确定开发区的性质和开发区管委会的职能

随着现代社会的到来，政府承担了越来越多的公共服务职能，在这种背景下再延续封建小农经济条件下国家管理的理念与方法肯定会落后于现实的需要。美国作为世界上最发达的国家，不仅体现在其所拥有的高度发达的生产力上，也体现在其社会组织管理能力上。笔者以为，特别区这种行政建制就非常值得我们学习。以下笔者结合开发区实践，在与美国特别区体制进行比较基础上，分析开发区的性质，以明确开发区和开发区管委会所应该具有的法律地位。

1. 开发区与美国特别区的比较。

根据本文第一小节的介绍，可以把美国特别区的特点主要总结为以下2点：（1）特别区是依据州法律成立的承担单一职能或有限职能的政府；（2）特别区的空间范围或者说辖区取决于特别区的功能，特别区可以根据自身的功能，跨越和切割其他行政区或与其他行政区和特别区交叠。

开发区和开发区管委会具有类似的特点，开发区大部分是由省一级政府提议、由省人大决定设立的；开发区管委会的职能同样是有限的——主要是承担经济开发功能，而开发区的社会管理原则上由所在地政府承担。开发区的空间范围同样由开发区承担的功能决定，不论是开发区的选址还是开发区的面积，都由开发区设定的目标决定。这一点在粤桂合作特别试验区表现得格外突出，因为粤桂合作特别试验区的一个重要功能就是实现粤桂两省（区）的合作开发。正是这一功能从一开始就决定了粤桂合作特别试验区的空间范围必定是跨省界的。

一般而言，在开发区起步阶段，由于开发区大部分建立在未开发地区，所以远离闹市、人烟稀少，社会管理工作不多。经过一段时间的发展，在产业发展的基础上，人口增加，社会管理工作增多，开始产城融合发展。目前应对这种局面有若干种方式，归纳起来主要是两种，一种是开发区管委会增加内设机构承担起开发区社会管理的职责，另一种是由开发区所在的行政区按照属地原则管理。按照前一种方式进行管理，最终往往导致开发区管委会机构臃肿、丧失管委会精干高效的特点，慢慢退化为一般性质的地方政府，最终不得不与当地行政区政府合并。按照后一种方式虽然开发区管委会不一定能够完全避免最终被合并的命运,但起码有可能得到长期保留,例如北京中关村科技园区管委会。北京市中关村科技园区相当一部分处于闹市之中,周边的社会管理任务十分繁重,但是,中关村科技园在闹市中仍保持了高新技术开发区的特色,中关村管委会也一直发挥了带领开发区走在全国高新技术开发区前列的作用。一个重要原因就是中关村管委会正确处理了管委会和北京市各个区县政府的关系,把诸多社会管理工作交给了地方,管委会只管园区与发展高新技术产业有关的事。

2. 借鉴美国特别区经验,实事求是地给予开发区及管委会一个恰当的法律定位。

通过以上比较分析可以看出,开发区与美国特别区非常相似,开发区管委会与美国特别区政府在本质上有共通之处。因此,可以说开发区就是中国条件下的特别区,开发区管委会就是中国条件下的特别区政府。

历史地看,中国的经济开发区从名称到内容似乎都是一系列偶然因素集合的产物。但实际上,透过这些偶然因素,其中有强劲的必然因素在起作用。在改革开放伊始,在传统体制一时无法改变的情况下,为了不受传统体制的束缚,只能暂时绕开它,在原有体制下独辟蹊径建设开发区。

改革开放40年来的实践表明,开发区极大地带动了地方经济的发展。同时说明,即便是在中国这样一个传统行政区划建制居于高度统治地位的国家,以开发区面貌出现的这种特别区形式不仅能够生存下来,而且还能迅速发展壮大。目前仅省以上级别的开发区就有将近2000个,它们与作为一般行政建制属地政府合作得很好,大部分都能够完成各自的职能。开发区管委会确实在干着政府才能干的事，由于人们一时还没有给开发区一个明确的法律定位，在找不到恰当词汇的情况下，只能把开发区称为"准政府"，这种无奈的表达方式恰恰说明开发区管委会就是一种事实上的政府。同时也说明，只要发挥开发区管委会与当地政府的各自优势、分工合作，就可以加速地方的经济发展。

以上事实都表明，只要打破传统观念的束缚，就可以按照事物本来面貌给开发区和开发区管委会一个符合其身份的法律定位。

3. 建议在《宪法》层面赋予开发区和开发区管委会以明确的法律地位。

中国的开发区建设，是一个实践先行的过程，而法制建设则相对滞后。从操作角度看，开发区建设只能尽量遵循已有法制框架，在已有的法制框架下发展。以省、自治区、直辖市一级的开发区为例，开发区成立的基本程序是由省一级政府根据省社会经济发展规划和土地利用总体规划，确定开发区的选址和面积，再向省一级人大提出成立开发区的初步建议，如能获得通过再报请国务院批准。在国务院批准后就可以组织开发区管委会包括确定其人选。然后再进入开发程序。

从以上过程可以看出，上述每一步都是符合政府工作程序的，以后的事实也证明开发区和开发区管委会这种形式也是成功的，大部分开发区都达到了预期目标。但是最后对这一事实得出的判断却是——开发区和开发区管委会是不合法的。

根据这样的前因后果，我们认为问题不是出在开发区和开发区管委会，而是出在现行法律上，是立法工作没有跟上社会实践的发展。需要做的肯定不是让实践削足适履地去适应现行的法律；相反，是要修改和完善现行的法律去适应实践的发展。

因此，为了更好地发挥各类开发区的作用，加快改革开放和四个现代化的步伐，建议在国家宪法中增加一条：

"各省、自治区、直辖市可以根据国家政策结合本地实际、设立不同类型的国家级和省级开发区，按照开发区的功能，划定开发区的空间范围，并组织具有相应经济管理职能的管理委员会，开发区管委会是对开发区具有经济管理职能的政府组织，开发区其他管理职能仍按行政区划之属地管理原则处理。设立国家级和省级开发区需报请国务院批准。"同时要制定统一的、适用各种类型的开发区管理条例，明确开发区管委会的基本职能。

## 四　粤桂合作特别试验区管理体制解析

我们以上绕了一个不大不小的圈子，实际目的只有一个，就是为分析粤桂合作特别试验区（以下简称试验区）提供一个理论上的分析框架。以下首先用这一理论框架分析试验区的性质，在扼要介绍目前试验区体制机制设计后，再用这一理论框架对试验区的体制机制做出分析。

1. 试验区的性质

作为开发区，试验区不仅承担着开发区的一般功能，而且还承担着把试验区建设"成为珠江—西江经济带新增长极、西江流域生态共建区、省际合作机制创新区、东西部合作示范区和供给侧结构性改革先行示范区"的重任。

以上分析曾得出一个重要结论：在中国，开发区属于一种特殊行政建制，是中国条件下的特别区，开发区管委会是中国条件下的特别区政府。按照这一结论，显然，作为开发区的试验区当然也具有特别区的性质，同样属于这种特殊行政建制中的一员。而且，由于试验区所承担的"西江流域生态共建区、省际合作机制创新区、东西部合作示范区"的功能，更增强了这一性质。

原因是，一般而言，随着经济社会发展，开发区都会进入到产城一体化发展阶段。在进入这一阶段后，如何继续保持开发区的功能，继续发挥开发区发展高新技术产业、出口创汇产业的作用，带动整个地区经济快速增长，是摆在开发区面前的一个挑战。许多开发区在这一发展阶段都逐渐失去开发区特色而逐渐融入所在行政区并与所在行政区合并，失去开发区的作用，也就失去了特别区或者说特殊行政建制的性质。

但是，对于粤桂合作特别试验区则不存在这种可能。只要试验区存在一天，就不可能蜕变为一般建制的行政区。原因是，作为一般建制的行政区，必然要按照等级制序列纳入到现行的行政区划建制中。而要试验区做到这一点，只有在三种情况下才有可能：一是组成粤桂试验区的广东片区划入梧州市，成为广西壮族自治区的一部分；二是组成试验区的广西片区划入广东省，成为广东省的一部分；三是组成试验区的广东片区和广西片区分别归队，各自回到原来所在的省份。不论是哪种情况，都意味着粤桂合作特别试验区不复存在。所以，只要粤桂合作特别试验区存在一天，它就不会退化为一般建制的行政区。所以，用中国行政区划的语言，可以说，粤桂合作特别试验区是中国特别建制单位的典型代表。按照美国特别区和特别区政府的概念，可以说，试验区是中国条件下特别区的典型代表，试验区管委会是中国条件下特别区政府的典型代表。

2. 试验区体制机制设计

《粤桂合作特别试验区建设实施方案》《粤桂合作特别试验区

开发建设两市政府合作协议》《粤桂合作特别试验区管理办法》等文件对试验区的定位、目标、两省（区）合作机制与原则等重大事项做出了详细阐述。为了对所涉及的体制机制做出评价，对它们简述如下。

（1）管理运行机制

管理体制方面，建立两省（区）推进珠江—西江经济带发展规划实施联席会议、两市市长联席工作会议、试验区管委会和开发建设公司四个层面的工作机制。

a. 两省（区）推进珠江—西江经济带发展规划实施联席会议。以共同推进珠江—西江经济带规划建设为目标，联合成立两省（区）推进珠江—西江经济带发展规划实施联席会议（以下简称两省区联席会议），为试验区的最高决策协调机构，主要负责统筹指导和协调试验区建设发展过程中的重大事项。

b. 两市市长联席工作会议。两市市长联席工作会议（以下简称两市联席会议）为试验区开发建设的决策机构。通过定期或不定期召开联席会议，对试验区开发建设中的具体问题进行协调解决。

c. 粤桂合作试验区管委会。负责统筹协调试验区日常管理和规划、建设、运营管理等重大问题。需要指出的是，如同以下关于管理机构的定性与职责一节所说，试验区管理委员会为试验区开发建设的具体执行机构。主要职责是落实两省（区）联席会议和两市党委、政府以及市长联席会议的各项决定，以及按照本协议约定负责的试验区开发建设的具体事宜。

d. 试验区开发建设公司。两市等比例出资共同设立开发建设公司作为试验区开发建设的平台公司，执行管理机构的决策，具体负责试验区开发建设的相关事宜。

(2) 合作机制

合作机制方面，按照"两省区领导、市为主体、独立运营""统一规划、合作共建、利益共享""政策叠加、先行先试"的模式运行。

a. 两省（区）领导、市为主体、独立运营。由两省（区）联席会议就试验区重大合作事项进行协调和决定，指导和协调试验区建设发展中的重大问题，委托肇庆、梧州代为管理试验区开发建设工作。由两市联席会议对试验区的开发、建设、人员派出、管理运营进行具体部署、安排，对试验区开发建设中遇到的重大问题进行沟通、协商解决。试验区成立统一的管理机构，独立运营。

b. 统一规划、合作共建、利益共享。试验区的总体规划及控制性详细规划的编制、修改，以及产业发展、环境保护、基础设施、公共服务等各专项规划，由两市政府协商编制。试验区的开发建设由两市政府在友好协商的基础上共同建设。试验区的开发建设资金由两市政府等比例共同投入，开发建设收益由两市政府等比例共同分享。

c. 政策叠加、先行先试。梳理两省（区）的相关政策，在试验区叠加共享、择优适用，并在叠加基础上，大胆创新、有所突破、先行先试。

(3) 管理机构

试验区管理委员会为试验区开发建设的具体执行机构。管委会主任、管委会机构设置、管委会职责具体如下：

a. 管委会主任

管委会设主任一名，副主任若干名。管委会主任采用轮值制，每届任期5年，首届管委会主任由梧州市派出人员担任，管委会副主任两市对等派出。两市派出的管委会主任人选须是派出市的市领导，同时挂任对方市的相应职位。

b. 管委会机构设置

试验区管委会根据试验区的建设需要，设立经济发展、投资促进、规划建设、环境保护、财政税收等机构。

内设机构均行使梧肇两市市级对应机构的行政管理权，并接受两市对应机构的业务指导。双方派出人员在试验区的具体工作由管委会统一安排和管理。

c. 管委会职责

管委会作为执行机构，主要职责是落实两省（区）联席会议和两市党委、政府以及市长联席会议的各项决定，以及按照本协议约定负责的试验区开发建设的具体事宜。

（4）收益和分配

a. 试验区收益

试验区的收益是指协议签署后，试验区的土地出让收入、进驻企业的税收、行政事业收费、开发建设公司的收益等。

试验区范围内归属于两省（区）、两市的税收留成部分均划归试验区，用于试验区的开发、建设、运营和管理。

每年由试验区管委会列出归属于试验区的收益内容及数额，报市长联席会议审议、决定后，由两市进行核算与资金划拨。

两市须对试验区进行单独核算，编制单独的预决算计划，分别编列各项收入和支出。

b. 收益分配

协议签署前两市各自进行的项目引进及开发建设的收益，原则上按照"谁投入，谁受益"的原则处理。

### 3. 试验区体制机制运行的实际效果

总体上看，自正式挂牌以来，试验区的开发建设成绩显著。截至2017年9月招商引资累计到位资金209亿元，固定资产投资累计达210亿元，年均增长30%以上。

但是，存在的问题也不可忽视。

首先，虽然名义上试验区是广西与广东的合作开发区，但发展不平衡的问题十分突出。截至2017年5月底，试验区入区企业达到266家，其中广西片区207家；新注册企业142家，其中广西片区136家，不论从存量看还是从增量看，广西片区入驻企业都远远超过广东片区。

造成这一局面的真正原因不得而知。我们能够了解到的情况是，不论是规划还是开发建设，广西片区和广东片区实际上都是各自为政。具体表现在，一是两边投入的力量不对等。广西片区坐落于梧州市万秀区，自然是梧州市区的一部分，所以梧州倾全市之力扶持试验区广西片区的发展。广东片区坐落于肇庆市封开县，距离肇庆市区50多公里，目前广东片区的开发主要由封开县承担，投入的力量显然与广西片区无法相比。二是没有按照两市政府合作协议所确定的"统一规划，合作共建，利益共享"的原则共同规划、共同开发，广西片区与广东片区的规划显然是分开做的。不仅如此，广东片区的开发也没有像广西片区那样从主体区开始，而是把开发力量首先放在了离主体区还有很远距离的拓展区，根据肇庆市公布的全市整体布局，短时间内肇庆市是没有力量对主体区进行开发的。

其次，虽然试验区管委会的名字已经变了3次，最早是分别带括弧的管委会：粤桂合作特别试验区管委会（梧州）和粤桂合作特别试验区管委会（肇庆）；2015年11月16日粤桂合作特别试验区联合管委会揭牌，去掉了括弧、加上了联合这一限定词；随后，又去掉了联合二字，改为粤桂合作特别试验区管委会。但从试验区管理运行的实际情况看，现在还是和带括弧那个阶段的情况差不多，虽然对外是一个牌子，但内部依然是两套班子，一套是试验区梧州管委会，一套是试验区肇庆管委会，广西片区和广东片区也仍然是各自为政。

4. 以特别区和特别区政府的眼光审视实验区体制机制问题

以上两个问题非常重要，但又不是可以一蹴而就、短时间就能解决的问题。因此，需要从理论上作进一步分析。

（1）试验区的管理体制问题

按照《粤桂合作特别试验区建设实施方案》《粤桂合作特别试验区开发建设两市政府合作协议》《粤桂合作特别试验区管理办法》等文件对试验区管理体制的设计，试验区构建了由四个层面构成的决策与执行体制，它们分别是两省（区）联合工作领导小组、两市市长联席工作会议、试验区管理委员会和试验区开发建设公司。其中试验区管委会是执行机构，两市市长联席会议是决策机构，两省联合工作领导小组既是最高决策机构也是监督机构。

按照特别区政府的理论框架，试验区管委会相当于特别区政府，即承担有限职能的地方政府，具体而言就是承担经济发展职能的政府。它的施政范围就在整个试验区。作为执行机构，它的工作内容一是执行上一级单位即两市联席会议的决策，二是从事试验区日常的经济管理。在这个意义上，它与原来的地方政府没有什么关系。所以不论从管委会成员的角度，还是从管委会工作角度，都不必考虑管委会与属地政府的关系。实际上，它们是互不隶属的关系，它应该只服从于两市联席会议的领导和决策。所以，没有必要考虑管委会成员与梧州市政府或肇庆市政府的关系。我们可以设想一下，作为两市联席会议的执行机构，完全可以通过从全国招聘解决。这样，它就只与两市联席会议有关系，而与梧州市政府和肇庆市政府没有什么关系。从法律上说，梧州市和肇庆市政府，任何一方单方面的决策对于管委会实际都应该没有效力。《粤桂合作特别试验区体制机制改革创新先行先试总体工作方案》对试验区管理方式做出这样的概括："逐步实现由行政管理体制向法定机构管理体制转变。"这里所谓的"行政管理体制"指的应该就是传统行政区划中的金字塔式层级行政管理制度，具体表现为由省、市、区不同等级政府构成的管理体制；而所谓"法定机构管理体制"指的是由两省两市确定的试验区四级管理体制。这种按照"法定机构管理"的管理，与按行政区划设定的各级地方政府并没有什么关系。但是，从目前的情况看，管委会中不论是梧州方面还是肇庆方面，都过多地纠结于自己身份与两市的关系以及身份的对等问题。实际上这种纠结毫无必要。

（2）试验区收益分配问题

如上所述，这里所说的试验区收益是指协议签署后，试验区的土地出让收入、进驻企业的税收、行政事业收费、开发建设公司的盈利等收益。

两市联席会议作为管委会的上级单位，既是国家整体利益的代表也是地方局部利益的代表，所以它应该有权力也有责任对试验区收益进行分配。

而作为执行机构，管委会除了给自身成员挣得个人收入的权利外，并没有参与试验区收益分配的权力。

因此，管委会可以不参与试验区收益分配的决策，仅为两市联席会议的分配决策做前期准备工作。

（3）建议

通过上述安排，造成管委会内部分成两部分的各种因素将不复存在，管委会完全可以以一个单一的、独立的身份开展工作，使试验区真正向着特别区和特别区政府的方向发展。

为此，首先应强化两市联席会议这一决策层的建设，尽快统一编制试验区的总规和详规，从决策层开始协调广西片区和广东片区的开发进度，公平、公正、公开地制订试验区收益分配方案，真正做到统一规划、合作共建、利益共享。

其次，可以明确从目前状况到真正实现上述目标有一个过渡期，应初步确定这个过渡期所需要的时间，譬如争取到2020年真正实现广西片区和广东片区及管委会两套班子的一体化。

## 五　总结

本文首先介绍了美国特别区和特别区政府的概念；通过分析，我们发现在中国传统行政区划中是没有类似于特别区和特别区政府这样的建制的，我们同时发现改革开放以来出现的开发区与开发区管委会实际就是中国条件下的特别区和特别区政府。以此作为理论框架，我们对粤桂合作特别试验区的体制机制进行了分析。我们认为，《粤桂合作特别试验区建设实施方案》《粤桂合作特别试验区开发建设两市政府合作协议》《粤桂合作特别试验区管理办法》等文件对试验区管理体制的设计是符合试验区需要的，不足之处有两点。一是对两市联席会议和管委会之间领导者与被领导者、决策者与执行者的关系强调得不够；二是没有预见到从试验区成立到广西片区和广东片区真正融为一体需要一个过渡期，因此对过渡期的管理体制缺少分析。针对上述缺陷，本文建议：（1）明确两市联席会议作为试验区的决策机构所承担的具体职责，特别是要承担起年度开发计划和试验区收益分配这两项基本决策；同时强调管委会只是执行机构，基本职责就是试验区的开发建设，不负责收益分配。（2）在事实上存在着试验区梧州管委会和试验区肇庆管委会的情况下，为了实现二者的一体化，需要一个过渡期。过渡期主要完成两个任务，一是在双方合作对总规进行必要调整的基础上，双方合作制定试验区详规；二是梧州与肇庆双方都把开发重点转移到主体区上来。只有在完成上述任务的基础上，才能实现两个片区和管委会两套人马的一体化。

**参考文献**

张力：《美国特别区政府自治评价》，《环球法律评论》2013年第3期。

陶希东：《美国"特别区"政府之经验与启示研究——兼论中国设置跨界功能区的基本思路》，《城市规划》2010年第12期。

伊士国、李先真：《论开发区管理委员会的法律地位》，《行政与法》2009年第9期。

刘松山：《开发区法院是违宪违法设立的审判机关》，《法学》2005年第5期。

王旭：《专区：美国地方政府体系中的"隐形巨人"》，《吉林大学社会科学学报》2005年第9期。

潘波：《开发区管理委员会的法律地位》，《行政法学研究》2006年第1期。

［美］文森特·奥斯特罗姆等著：《美国地方政府》，井敏译，北京大学出

版社 2005 年版。

［美］尼古拉斯·亨利著：《公共行政与公共事务》，项龙译，华夏出版社 2002 年版。

［美］理查德 D. 宾厄姆等著：《美国地方政府管理 实践中的公共行政》，九洲译，北京大学出版社 1997 年版。

粤桂合作特别试验区、西江经济带产业发展研究中心编：《粤桂合作特别试验区发展报告（2016 年）》，广西人民出版社 2017 年版。

苏宁等著：《浦东之路：政府制度创新经验与展望》，上海人民出版社 2010 年版。

周平著：《当代中国地方政府》，人民出版社 2007 年版。

侯景新等著：《行政区划与区域管理》，中国人民大学出版社 2006 年版。

田穗生等著：《中国行政区划概论》，北京大学出版社 2005 年版。

皮黔生等著：《走出孤岛——中国经济技术开发区概论》，生活·读书·新知三联书店 2004 年版。

苏东斌主编：《中国经济特区史略》，广东经济出版社 2001 年版。

孙关龙著：《分分合合三千年》，广东教育出版社 1995 年版。

陈嘉陵主编：《各国地方政府比较研究》，武汉出版社 1991 年版。

# 基于现代超级计算机技术的智能化经济复杂系统研究平台的构建与在区域经济中的应用

## 吴 杰[*]

经济社会是一个不可计算和不可重复的复杂系统。如何采用现代科学技术在全球化经济和大数据时代的背景下对这个经济系统进行有效的管理是一件具有重要意义的事情。本文将重点研究基于现代超级计算机技术的智能化经济复杂系统研究平台的构建与在区域经济中的应用的问题。本文的主要内容有两点：（1）以创新的经济力学为基础理论，采用机理建模和 Agent 建模相结合、计算机连续和离散事件仿真相结合、全局静态规划和局部动态规划相结合的研究方法，探讨建立一个由 Agent 离散模型、全局价值计算、过程仿真、智能决策、知识记忆、数据挖掘、地理信息、并行计算、互联网通信、远程交互式界面等模块组成的经济

---

[*] 吴杰，广州市长程软件有限公司董事长，科技部国家仿真控制工程技术研究中心经济仿真基地主任、研究员，中国社会科学院经济社会综合集成与预测中心特聘研究员，广东省社会科学院特聘研究员、客座教授。

复杂系统研究平台方法。(2) 研究如何在类似粤桂试验区这样的经济实体中建立一个能够进行实际应用的经济复杂系统研究平台，实现国际、国家、区域经济预测、历史过程仿真、平行控制、决策推演、逻辑验证、策略博弈、智能规划、知识发现和逻辑建立的功能。在实际应用过程中，不断升级知识库、增强自适应能力、提高优化决策水平，使得解决方案逐步逼近全局最优。今后，将进一步完善人机对话功能，进行经济类图灵测试。最终实现在区域经济中有效应用基于现代超级计算机技术的智能化经济复杂系统研究平台对现实的国民经济系统进行管理的目的。下面，我们围绕以上两个问题进行具体介绍。

## 一　经济复杂系统研究平台的建模理论

经济系统是一个复杂系统。主流的理论认为，认识复杂系统应该采用计算机仿真和人工智能的方法。从经济学的角度看，采用计算机仿真技术是为了建立一个客观的实验环境。而发展人工智能的目的是用机器替代人的体力劳动和脑力劳动。现在，复杂系统的计算机仿真技术主要采用 Agent 建模的方法。经过几十年的发展，这种技术逐步趋向成熟。现在，需要重点发展的是复杂系统的人工智能技术。过去半个多世纪以来，人工智能技术的进步主要是机器替代人的体力劳动。现在，人工智能技术的进步开始向替代人类的脑力劳动方向转化。我们可以采用两种方法实现机器替代人的脑力劳动的目标：一是先取得单个人的人工智能的成功，然后再取得整个人类的社会经济活动的人工智能的成功；二是先取得整个人类的社会经济活动的人工智能的成功，然后再取得单个人的人工智能的成功。第一种方法已经有很多科学家进行了大量的研究，而第二种方法则很少人进行尝试。两种方法异曲同工，都能帮助人类实现人工智能科学发展的目标。在本文中，我们研究第二种方法。

### （一）传统的复杂理论

传统的复杂理论认为，复杂系统是指具有大量交互成分，其内部关联复杂、不确定、总体行为具有非线性，即不能通过系统的局部特性，形式地或者抽象地描述整个系统特性的系统。经济领域的宏观经济、商品交易市场、金融证券市场；生物领域的种群消长、胚胎形成、生命起源、物种进化；环境和生态领域的沙尘暴的形成、水土流失、气象厄尔尼诺现象；军事领域的政治军事对抗、不同武器装备的综合作战效能、武器装备体系论证；社会学领域的高层决策、民意舆论问题等都属于复杂系统的具体表现形式。因此，简单地说，传统的复杂理论认为，复杂系统是一个无法重现、不可计算的系统。

对于这样的复杂系统，采用人工智能与计算机仿真相结合的方法进行科学研究是一个重要的甚至是唯一的技术手段。国内外研究表明，传统的建模方法，包括还原论方法、归纳推理方法等，已经不能很好地刻画复杂系统。基于 Agent 的建模理论和仿真技术是最具活力、最有影响的方法之一。其基本思想是通过模拟现实世界，将复杂系统划分为与之相对应的 Agent，采用由下自上的方式，从研究个体微观行为着手，进而获得系统宏观行为。具体地说，在传统的复杂理论中，每一个 Agent 通常由知识库、推理器、通信接口、事件处理逻辑模块、学习模块、用户界面等部分组成。其中知识库用于存储 Agent 的知识，知识来源可以由用户从外部添加，也可以通过学习模块在系统运行过程中获得；利用知识库可以控制通信模块、事件处理模块和学习模块；通信模块负责 Agent 与外界（环境或别 Agent）的通信；用户界面用于维护知识库，并通过推理器控制通信模块、事件处理模块和学习模块；事件处理模块是 Agent 要实现目标的事件处理方法的集合；学习模块从 Agent 的不断运行过程中总结经验，为知识库增加新的知识，从而实现经济人工智能超越现实的人类的经济决策水平的目标。

大致上说，基于 Agent 的建模仿真是利用以上所述的方式构建仿真实体模型，通过对 Agent 个体及其相互之间（包括与环境）的行为进行刻画，描述复杂系统的宏观行为。归纳起来共有 7 个特点：(1) 系统描述自然性。即在一定层次上对目标复杂系统进行自然分类，然后建立一一对应的 Agent 模型。(2) 采用自底向上的方式。在建模过程中强调对复杂系统中个体行为的刻画和对个体间通信、合作和交流的描述，试图通过对微观（底层）行为的刻画来获得系统宏观（上层）行为。(3) 适合分布计算。将 Agent 分布到多个节点上，支持复杂系统的分布或并行仿真，但必须考虑通信开销。(4) 模型重用性。基于 Agent 思想建立的复杂系统各仿真实体模型，由于其封装性和独立性较强，可以使一些成熟、典型的 Agent 模型得到广泛的应用，以提高建立目标应用系统的效率。(5) 支持对主动行为的仿真。Agent 是描述个体主动性的有效方法，Agent 可以接收其他 Agent 和外界环境的信息，并且按照自身规则和约束对信息进行处理，然后修改自己的规则和内部状态，并发送信息到其他 Agent 或环境中，Agent 的这种行为模式适合对主动行为的仿真。（6）仿真的动态性和灵活性。表现在两个方面：一方面，Agent 实体在仿真过程中可以与用户进行实时交互；另一方面，在仿真过程中具有增加和删除实体的能力。（7）将系统宏观和微观行为有机地联系起来。极端的还原论观点将宏观现象的原因简单地归结为微观，否认从微观到宏观存在着质的变化；另一种比较普遍的观念是：将统计方法当作从微观向宏观跨越的唯一途径或唯一手段。而基于 Agent 的建模仿真技术提供了既别于极端还原论又别于单纯统计思想的新方法，将系统宏观和微观行为有机地结合起来。

经济领域的应用有三个典型案例：

一是美国 Sandia 国家实验室开发了一种美国经济的仿真模型 Aspen，它是基于 Agent 建模仿真方法在经济领域最为典型的应用。Aspen 以居民、工业、银行、政府等微观单位作为描述和模拟对象，建立了各自的 Agent 模型。通过这些仿真模型来模拟现实社会经济系统中的某些过程，包括某种政策的实施过程，以分析该政策对微观单元的影响及引起的宏观效果。另外，Aspen 融合了 Sandia 实验室的进化学习和并行计算等最新技术，与传统的经济模型相比具有许多明显优势：能在单一和一致的计算环境中模拟经济；在模拟过程中，允许诸如货币政策、税法和贸易政策等法律、法规以及政策变化以分析其对宏观经济的影响；允许对经济系统中不同部门进行单独分析以便与其他部门一起进行综合分析，以更好地分析整个经济进程；建立了经济系统中基本决策部门行为的准确模型。目前，Aspen 已经应用到美国经济的简单仿真、过渡经济仿真、货币政策、机构分裂、外汇汇率、DOD 问题、生化战争、能源政策以及金融市场等领域。Aspen 的不足是：没有科学的经济学理论和相应的基于机理的数学模型的支持。无法讨论经济运行的优化问题。同时，模型的运行经常出现难以解释的"涌现"现象，很难收敛。仿真逼真度不高，只能进行趋向性的定性分析，无法进行精确的定量分析。

　　二是 EU-STREP 计划构建有史以来规模最大、最完整的 EURACE 模型。这是一个基于 Agent 的建模手段对整个欧盟经济进行详细描述的模型。它没有对理性、同质的市场参与者和市场的固有稳定性作出假设。相反，它首先考虑了每个个体——家庭/个人、公司、银行、政府，或其他——并且用仿真的方法对其行为建立模型。整个系统包含了成百上千个（Agents），（这些 Agents）同时在几个市场中互相作用。例如，消费品市场包括零售网点销售的消费品生产商和家庭代表消费者产品之间的相互作用。为了使其运作良好，公司规划产品或服务的生产水平、确定财务需求——也许用自己的库存现金或者其他财务投入，例如发行股票，从信贷市场借，或劳动力需求——然后按要求雇用员工。为实现一定的生产目标，公司可能因此需要投资新的生产设备或软件，这些是从其他公司购入的——投资项目生产商。EURACE 模型在 FLAME 环境上开发，在超级计算机上运行，已说明基于 Agent 进行大型经济系统的建模是可能的且有效的。足够多的政策实验已经说明了这一点，尽管完整的 EURACE 模型在 2009 年年末才得以实现。多半实验涉及的相关 Agent 只是少量的——上万个。EURACE 的不足是：尽管采用了基于结构建模的凯恩斯宏观经济学理论，但是，模型的运行仍然像 Aspen 一样，经常会出现难以解释的"涌现"现象，很难收敛。仿真逼真度不高，只能进行趋向性的定性分析，无法进行精确的定量分析。EURACE 试图冲击 100 万个 Agents 的大规模计算，但是始终没有成功。

三是现在主流的动态随机一般均衡模型（DSGE）。DSGE 采用结构建模的方式构造模型，着重说明如何在联合分布上施加经济活动约束，以恢复可观测经济数据底层的经济原本。因此，恢复底层经济原本的经济学假设和统计学假设是结构模型的两个主要组成部分。为了使结构逼近现实，结构必须合理地描述生成数据的经济和制度环境；为了模型是可靠的，模型必须能够基于 $x$ 和 $y$ 的所有可能实现估计结构参数。一般来说，因对经济系统的经济学假设和统计学假设的区别，则建立了不同的结构宏观计量经济模型。动态随机一般均衡模型综合了"动态演化""随机冲击"和"一般均衡分析"三种宏观经济学的分析方法。其中动态：经济系统各行为主体在进行决策时，不仅要考虑行为的当期影响，还要考虑行为的后续影响。即各行为主体是在对未来预期的前提下，动态地考虑其行为决策的后果。所以，DSGE 模型揭示和描述了经济系统由非均衡状态向均衡状态的动态调整机制。随机：在现实经济中有许多的不确定性，所以在 DSGE 模型中引入了多种外生随机冲击，并且，DSGE 模型的动态过程是由行为主体的决策和外生随机冲击共同决定的。一般均衡：DSGE 模型是在一般均衡的框架下考察各行为主体的决策，反映和刻画了经济系统长期均衡状态的特征。由此可见，建立 DSGE 模型的目的有如下三个方面：揭示经济系统在稳态水平的特征，推断实体经济演化的驱动因素，反映经济系统由非均衡状态向均衡状态的动态调整机制。由于 DSGE 模型能够通过对经济主体决策行为的关系进行清晰描述，并可以采用适当的微观经济加总技术得到经济总量满足的行为方程，以及对经济的长期均衡状态及短期的动态调整过程进行细致刻画。于是，DSGE 模型具有如下的特点：理论的一致性、模型的整体性、微观与宏观经济分析的完美结合、长期与短期分析的有机整合等特点。在过去的 20 年里 DSGE 模型得到了广泛的应用，受到理论与实务界的普遍关注。目前，DSGE 模型正在逐渐成为许多研究机构定量分析的一个基准模型，尤其很多国家的央行都在发展适合国情的 DSGE 模型。特别值得注意的是，近年以来，美国等一些国家采用输入数据总量分解的方式构建基于 Agent 的可计算经济学模型，实现了超过 1 亿个 Agents 规模的计算，并使得计算结果逼近预期结果。但是，DSGE 模型实际上仍然是一种计量经济学模型。因此，它必然存在一些明显的不足，包括不同的 Agent 之间，以及微观经济系统和宏观经济系统之间没有与现实逼近互动关系；各种对微观经济场景的假定具有主观性，例如假定市场是完全竞争的、价格和工资具有完全的灵活性；与实际经济环境难以相符，因此受到许多的批评。

由此可见，尽管复杂系统的研究被誉为 21 世纪的核心科学问题之一，其涵盖之广几乎涉及所有学科。但是，由于传统的复杂理论认为复杂系统完全是一个无法重现、不可计算的对象，绝对不能采用还原法和演绎法进行的科学研究对象，只能单纯采用人工智能、计算机仿真和计量经济学的方式进行研究，显然是一种有失偏颇的观点。实际上，任何一种复杂现象都可以通过抽象分析的方法细分为各种不同层次和类别的对象，并放在一个纯粹的环境中进行考察。如果人类还无法做到这一点，那是因为人类的主观认识的局限性，或者是还不具备必要的实验的技术手段。[①] 因此，在人类科学发展的最前沿，许多无法用现代科学方法研究的问题，就成为所

---

① 例如霍金提出了宇宙的黑洞理论和弦论理论。但是，他却无法用实验手段验证自己的理论猜想。

谓的"复杂理论"问题了。例如，人们在研究围棋的优化算法的时候，由于遇到现代计算机无法在短时间内计算 2 的 361 次方计算量，因此，必须用人工智能和计算机仿真相结合的方法研究围棋博弈算法。于是许多科学家就把这些相关的算法解释为另类于传统科学范畴的理论。实际上，这种观点是片面和错误的。因为，从纯粹的数学理论来说，包括围棋在内的一切已知的棋类的最优化算法都早已存在了。任何一个懂得微积分的专家都可以用简单的方法证明所有的有界集内部的多元连续函数都是有极值解的，其中包括 2 的 361 次方的变量的偏微分方程。显然，计算机无法在短时间内完成这个计算量[①]是一回事，围棋的优化算法不属于传统的科学研究范畴又是另一回事。因此，我们至少可以将围棋博弈算法的人工智能算法划分为一类受到实用性计算速度限制的优化算法是比较恰当的。毫无疑问，这一类优化算法仍然属于传统的科学理论研究的范畴。

（二）创新的经济学复杂理论

为了提高理论研究的效率，经济学首先将研究的问题抽象到纯粹的环境中进行考察。但是，当我们完成了抽象的理论分析，要进行具体的经济实践的时候，就需要面对复杂的社会经济系统了。在这里，复杂系统实际上就是一个非纯粹的经济环境，各种外部因素会随机地影响经济因素的变化规律，使得研究对象的运动难以捉摸。因此，研究复杂社会经济系统不能简单地采用传统的还原法进行纯粹的抽象的理论分析。相反，要在科学的纯粹的理论分析方法的基础上，采用研究复杂系统特有的方法即计算机系统仿真和人工

---

[①] 例如天河二号超级计算机用一年的时间大约只能计算 2 的 78 次方的计算量。

智能相结合的方法进行研究。由此可见，所谓的经济学复杂理论实际上就是一种以纯粹经济学理论为基础，将科学的经济学理论延伸到复杂的经济环境中进行基于实际应用的将人工智能和计算机仿真技术相结合的理论研究方法。在这里，计算机仿真技术和经济人工智能就是通过机器模拟人的思维过程，在收集数据、还原现场、获取知识、训练学习、逻辑推理、改正错误、升级进步的过程中掌握类似人的思维能力，进而在生产过程中替代人的脑力劳动。由于计算机仿真技术和人工智能可以使得机器具有类似人的观察环境、适应环境并做出合理决策的能力，因此可以取得局部优化的决策效果。同时，如果进行长期和重复的训练就可以逐步提高人工智能的水平。因此，计算机仿真技术和人工智能相结合的技术方法，实际上就是将全局优化的问题化整为零、积小胜为大胜、实现逐步取得逼近全局最优的效果。

具体地说，各种复杂的经济理论问题都类似围棋博弈的复杂理论。对于围棋的复杂理论来说，它首先是一个传统的科学理论问题。所有纯粹的围棋理论，包括围棋规则、数学优化算法、围棋案例分析是都是围棋复杂理论的基础性理论。人工智能技术和计算机仿真技术则是实现复杂理论研究目标的技术手段。研究围棋复杂理论的根本目的就是要在实战中让智能化的机器战胜对手。当人类无法直接用纯粹的科学的围棋理论在实战中战胜对手的时候，人类就只能采用人工智能和计算机仿真相结合的技术方法来战胜对手。这就是所谓的围棋的复杂理论。显然，围棋的例子完全适用于理解经济学的复杂理论。在这里，纯粹的环境中研究的经济学理论是经济学复杂理论的基础理论。经济领域的人工智能和计算机仿真则是实现人类在复杂环境中的经济目标的技术手段。经济学研究复杂理论的目的就是要理论联系实际，用人工智能机器替代现代全球化经济实践中的人类的脑力劳动。例如，我们经过了长期的努力，构造了一个世界经济系统复杂系统模型（以下简称 SED 模型）。[①] SED 模型由许多不同的国家构成。不同的国家通过国际贸易、国际金融、国际资本市场关联起来。其中每一个国家都由大量的居民、企业、行业、市场和政府作为 Agent 单元组成。每一天一个国家中所有的 Agents 要选择一个行为决策，都要进行 4600 多次 0 或 1 之间的逻辑选择。如果用枚举法计算，将所有的可能性都计算一遍才择优行动，就要进行 2 的 4600 次方的计算。显然，这是一个比围棋最优算法庞大得多的复杂理论问题。因此，要采用传统的数学演绎法计算这个问题，在实际应用中是不可行的。因为用现代最先进的超级计算机计算也可能需要花数亿年才能够得到一个最优的计算结果。显然，在现实的经济实践中，以人类本身具有的智慧和能力也无法完成这种计算。因此，现代的人类只能采用凭感觉、拍脑袋、摸着石头过河的方式进行全球化的经济管理。毫无疑问，这种管理方法已经不适应于人类经济学的发展需要了。正因为如此，我们需要采用科学的经济复杂理论方法进行具有实用性的科学计算。

但是，尽管如此，经济学的复杂理论仍然要以纯粹的经济学理论为基础。这就是说，我们采用各种人工智能的算法进行计算，包括使得每一个 Agent 具有自适应、自学习、自进化的功能，最终的目标仍然是要达到全局最优。正如围棋就是要实现在二人博弈中取得大于 361/2 加减贴目的成绩一样。对于经济学来说，人工智能的算法就是要在确定的时间内取得全球化经济的财富价值的最大化。如果没有这个全系统的统一价值评估指标，一切经济类的人工智能

---

[①] 关于 SED 模型的最初的理论介绍，见《财富论》第一卷附录三。

算法都是无法判断它的合理性和有效性的。特别需要指出的是，在经济学中，静态的全局最优解是必定存在的。[①] 从纯粹的数学逻辑上看，动态的全局最优也是一定存在的。问题是，许多的动态规划问题需要极其庞大的计算。受到现代的科学技术发展水平的限制，人们暂时无法解决这个问题。因此，为了解决现实经济发展问题，人类需要采用人工智能和计算机仿真技术解决各种复杂的理论问题。由此可见，复杂理论并不是一种与传统科学截然分离的另类科学技术。相反，复杂理论仍然是属于传统科学理论范畴的一个分支。脱离了传统的科学理论，其中特别是最优化分析的理论，一切复杂理论都将成为无源之水，无本之木。

综上所述，科学的经济复杂理论是指以古典经济学为理论基础，以人工智能和计算机仿真技术为手段，建立起来的应用于全球化经济实践的经济人工智能计算机系统。在这里，所谓经济人工智能系统是指：价值取向与人类的生存和发展的最优目标一致，并具有学习、进化、繁殖、适应环境能力的计算机硬件和软件系统。具体地说，经济人工智能是在计算机动态系统仿真技术的基础上，对一个国家或国际经济进行基于海量 Agents 行为的动态系统仿真运行，使得整个国家或国际经济动态系统仿真的结果中的宏观经济和微观经济决策与人类的实际经济过程中的相关经济决策类似，然后通过大量的仿真案例寻找出比较优化的行为方案，采用人工智能的方法，不断地用于指导人类的全球化经济实践。

---

[①] 吴杰、覃永安：《基于马克思主义经济学的商品交换模型》，《数量经济技术经济研究》2008 年第 2 期。

## 二 经济复杂系统平台的基本构成

根据古典经典学和相应的数学模型,[①] 我们进一步建立一个虚拟社会经济学系统的人工智能模型（以下简称经济人工智能模型）。该模型采用了现代人工智能和计算机仿真相结合的技术，构建了一个微观经济与宏观经济一体化的经济模型。经济人工智能模型可以由以下6个部分构成。

### （一）基本单元的构成

Agent 是经济人工智能模型的基本单元。每一个 Agent 通常由知识库、推理器、通信接口、事件处理模块、学习模块、用户界面等构件组成。所有这些构件的基本功能都与传统的复杂模型相对应的构件相同。有所区别的是内容是经济学特有的。例如经济学的 Agent 的分类一般是按照行业区分的；知识库存储的是各种经济学案例；通信网络连接的是上下游企业、同类市场的商品交易者、基本的经济统计信息交换、微观经济系统和宏观经济系统的信息交换等，事件处理模块按照经济事件发生的先后次序处理经济事件，对每一个事件处理的逻辑都符合日常经验，例如购买行为的先后次序、购买条件、购买决策、统计信息等都要符合客观经济规律，其中包括偶然发生的随机事件。因此，一般地说，每一个独立的 Agent 不是按照还原法构建的。例如居民、企业、政府部门等对象的

---

[①] Guocheng Wang, Jie Wu, Yuna Shi, Zili Wu, "Application Analysis on Large-scale Computation for Social and Economic Systems-Application Case from China", Proceedings 2015 IEEE International Conference on Systems, Man, and Cybernetics.

物质体的构成都是按照"黑箱原理"建立的。这就是说，只要模型整体能够按照"整体论"的建模方式构造，使得输入和输出变量之间的关系是满足一般的经济规律，就可以看作是一个合理的模型。当然，在这里，"一般的经济规律"是经过严格的理论逻辑体系证明的各种数理经济学的定理。具体地说，这些定理就是笔者构造的，根据古典经济学公理体系推论出来的各种理论结论。由于这些定理满足科学的公理逻辑体系的完备性、相容性、独立性的规定，因此，所有的 Agent 的行为也必然满足科学的古典经济学的全部的本质规定。这就是说，尽管并不是每一个独立的 Agent 都可以按照还原法构造，但是，它们的所有经济行为必须满足古典经济学的价值理论的还原法的建模原则。最后，每一个 Agent 的活动都会产生经验，通过 Agent 的知识库模块、学习模块、优化决策模块不断在大量的案例训练运行过程中进化，适应环境变化，实现 Agent 的活动的低成本、高效率、个体竞争优胜、整体运行协调、逐步演变成一个逼近全局最优的人工智能经济系统。

主要的异质 Agent 的描述：

（1）居民：不同年龄层的具有劳动能力的人员，既是劳动者也是消费者，劳动者具有不同的技能水平，随着工龄的增长，技能水平得到提高；消费者根据不同的收入水平具有不同的消费偏好，以及储蓄和投资偏好，并根据个人的偏好决定各自的市场购买行为。

（2）企业：消费品（7 种生活资料）、原料和设备（生产资料，5 种原材料和 30 种生产设备）生产商，以及商业批发和商业零售企业。不同类型的企业具有不同的生产、运营决策，根据市场需求提供产品或服务，招聘人员，进行财务管理、市场营销和资金运作，根据营业收入向政府纳税等，模拟现实企业的日常运营。

（3）银行：模拟银行与客户在资金周转市场的需求与供应过程中产生的各种金融业务行为，提供信贷、获得储蓄或者投资，管理客户账户，包括企业、居民、证券、政府和银行同业。

（4）证券：模拟证券公司在资本市场上开展一级市场的股票发行、二级市场的股票买卖业务的经营过程。

（5）政府：包括一个中央和多个地方政府，模拟一个独立国家的政府通过各种宏观经济政策和行政手段管理社会经济运动的过程。中央政府制定财政、劳动力及其他政策，收税，提供补贴等，地方政府执行中央政府的宏观政策，向中央政府交税。

（6）中央银行：是中央政府的主要功能模块之一，通过相应的货币、利率、存贷款等参数进行调控，履行其职能，包括：①发行银行：发行信用货币；②政府的银行：执行金融政策，代理国家财政；③银行的银行：集中存款储备金，充当最终贷款人；④管理金融活动的银行：制定、执行货币政策；对金融机构活动进行领导、管理和监督。

**（二）复杂经济系统中的计算机仿真系统的结构**

人工智能经济模型中的计算机仿真系统是一个微观经济与宏观经济一体化的模型体系。模型的结构：首先，由不同类型的Agent构成一个子系统；其次，一部分子系统构成上一层的子系统，并可以不断向上构造；最后，不同的子系统之间存在互动关系。例如，国际经济系统由不同的国家经济系统构成。一个国家的经济系统由微观经济系统和宏观经济系统构成：一方面，微观经济系统包括实体经济子系统和虚拟经济子系统，其中实体经济子系统包括各个行业的企业、连接不同行业的市场等，而货币金融子系统和市场价格子系统构成虚拟经济系统；另一方面，宏观经济系统包括中央政府各部门、各级地方政府部门构成的政府管理系统。具体地说，人工智能经济模型是可以模拟一个国家的政府，管理着一个有42个行业[①]，六种市场[②]的商品经济系统。每个行业生产一种商品。行业的生产者是成千上万的企业、股东和受雇用者。不同行业的生产者拥有自己生产的产品的所有权。为了满足自己对多种不同效用属性的产品的需求，他们按照价值相等的原则在市场上进行商品交换，互通有无。在人工智能经济模型中，不同行业和政府中的Agent共有1000万个以上，包括不同年龄、技术水平的居民、不同行业和规模的企业、批发和零售商店、银行、中央银行、多种职能的政府部门。人工智能经济模型可以模拟这些Agents几十年中的每一天中的原材料、设备、劳动力、产量、效用等级、资金、价格、成本、利润、GDP、失业率、通胀率等的变化情况。

### （三）经济系统计算机仿真流程图

人工智能经济模型的基础是一个动态仿真模型，仿真模型描述每一种Agent之间循环运行的上下联系关系。在一个国家模型中，这些相关关系与上述的六个不同市场关联，具体可以大致表现为以下系统流程图：

---

[①] 42个行业是中国国家统计局的行业划分标准之一。根据中国的国家统计标准，最少是6个行业，最多是1000多个行业。

[②] 六种市场：劳动力市场、原材料市场、生产资料市场、生活资料市场、银行信贷市场、股票和国债的证券交易市场。

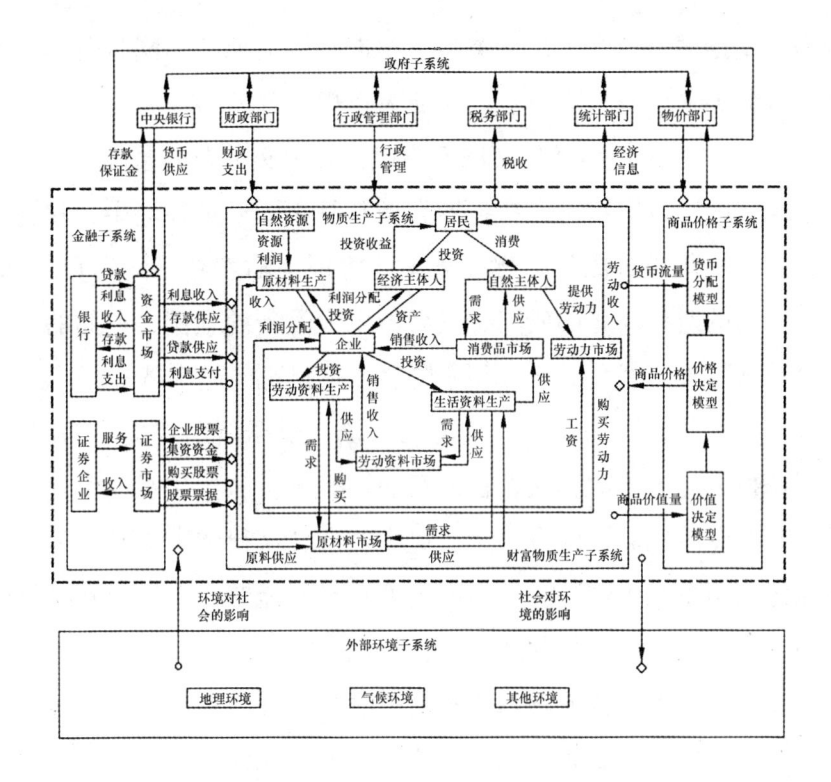

图1 国民经济动态仿真系统流程图

**（四）经济系统人工智能模块分析步骤**

（1）输入数据：每一个 Agent 的基期数值，例如国家中央或地方政府基期的财政状况、税收制度、货币政策、商品库存、福利制度等；企业、行业的固定资产、流动资金、劳动力配置、原材料库存、生产函数等；外部环境参数，例如自然环境参数、政府利率、税率、货币发行量等；居民的工资收入初值、就业状况、投资状况、存款、生活资料库存等。

（2）案例样本生成系统：运行模型产生案例，对案例进行聚类分析，建立知识库。

（3）价值评估系统：评估每一个案例的价值权重，进行案例分类和权重排序。其中案例分类包括根据经济周期的不同阶段中的案例进行分类，以及根据行业、企业大小规模分类等。

（4）聚类分析和优化案例库集成：在聚类分析的基础上，获得大量优化解决方案，可以在各种类型和复杂的经济环境中，权衡利弊，确定一些相对优化的解决方案。特别是随着系统的用户增加，各种不同的研究问题的研究必然会产生大量新的案例，存储的仿真案例越来越多，优化案例库积累的优化案例也会越来越多。

（5）自适应、自学习、自进化系统：根据新用户提出的问题，采用各种人工智能的算法，在最新的聚类分析和优化案例中进行分析，不断总结经验，改进方案，提高效率，使得整个人类在复杂的全球化经济系统中进行各种经济决策的时候能够快速地找到相对优化的解决方案。如果外部环境是相对稳定或循环往复的，随着系统的持续运行，本系统能够不断提高解决方案优化程度，并逐步趋向全局最优。但是，如果外部环境总是不断变化，并且是不可逆的，那么，人工智能系统就只能是永远在摸索中前进，不断去寻找相对优化的自适应类型的解决方案了。

（6）输出解决方案：模型迭代运行的结果趋于收敛状态，则模型会自动选择停止运行，并输出解决方案供用户参考。一般地说，模型运行的解决方案有三种类型：一是全局优化方案；二是个体（一个企业或一个投资者的）优化方案；三是某一子系统（一个国家、一个行业、一个地方政府、一个阶级、一个民族）的优化方案。用户可以根据自己需要选择不同的研究结果。

以上六个步骤可以图示如下：

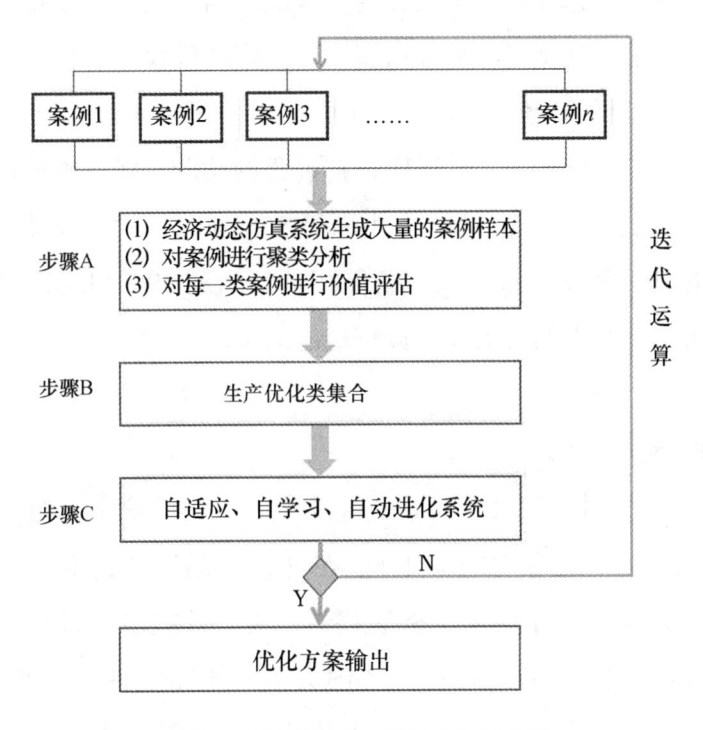

```
                ┌─────┐  ┌─────┐  ┌─────┐         ┌─────┐
                │案例1│  │案例2│  │案例3│  ……    │案例n│
                └─────┘  └─────┘  └─────┘         └─────┘
                              │
                              ▼
         ┌──────────────────────────────────────┐
         │ (1) 经济动态仿真系统生成大量的案例样本 │      迭
  步骤A  │ (2) 对案例进行聚类分析                │      代
         │ (3) 对每一类案例进行价值评估          │      运
         └──────────────────────────────────────┘      算
                              │
                              ▼
         ┌──────────────────────────────────────┐
  步骤B  │            生产优化类集合            │
         └──────────────────────────────────────┘
                              │
                              ▼
         ┌──────────────────────────────────────┐
  步骤C  │     自适应、自学习、自动进化系统     │
         └──────────────────────────────────────┘
                              │
                              ◇ ── N ──┐
                              │ Y
                              ▼
         ┌──────────────────────────────────────┐
         │            优化方案输出              │
         └──────────────────────────────────────┘
```

**图2　经济系统人工智能分析流程图**

## （五）经济人工智能系统的基本特征

经济人工智能系统必须具有六个基本特征：（1）符合人类的经济行为规范，仿真的对象是各种不同类型的人，其分类结构与现实逼近；（2）满足客观经济规律的要求，由每一个异质 Agent 的偶然行为汇总构成的人类总体行为，最终都可以通过古典经济学的价值理论得到合理的解释，例如在构造每一类仿真对象——异质 Agent 的经济决策规则的时候，都要满足斯密"看不见的手"的原理：有钱赚就干，没钱赚就不干；有大钱就大干，有小钱就小干；（3）在技术条件方面，要有充分和系统的大数据的来源，同时还要有超级计算机进行大规模的并行化计算；（4）满足大数法则的规定：尽管个体的行为难以预测，但是大量的个体的行为却趋于一个稳定的服从正态分布函数的结果，例如仿真一个国家的国民经济历史过程的主要指标，包括 GDP、失业率、通胀率的仿真逼真度达到 95% 以上;[①]（5）具有自学习、自适应、自进化的功能，随着模型训练时间的延长，能够逐步由局部优化逼近整个系统的全局最优目标;（6）满足图灵测试标准：人工智能机器给出的 30% 以上的解决方案，无法分清是人的决策还是计算机的决策。

### （六）科学的验证

1936 年，图灵向伦敦权威的数学杂志投一篇论文，题为《论数字计算在决断难题中的应用》。在这篇开创性的论文中，图灵给"可计算性"下了一个严格的数学定义，并提出著名的"图灵机"（Turing Machine）的设想。"图灵机"不是一种具体的机器，而是一种思想模型，可制造一种十分简单但运算能力极强的计算装置，用来计算所有能想象的到的可计算函数。1950 年 10 月，图灵又发表另一篇题为《机器能思考吗》的论文，成为划时代之作。也正是这篇文章，为图灵赢得了"人工智能之父"的桂冠。此外，为消除人类心中的偏见，图灵设计了一种"模仿游戏"即图灵测试远处的人类测试者在一段规定的时间内，根据两个实体对他提出的各种问题的反应来判断是人类还是电脑。通过一系列这样的测试，从电脑被误判断为人的机率就可以测出电脑智能的成功程度。

---

① 显然，我们现在并不是在写科幻小说。在文学艺术领域的科幻小说中，超人的故事早已是人们耳熟能详的题材了。或许科幻小说能够启迪科学家们的灵感，但是文学艺术毕竟是一种艺术，而科学不仅是定性分析和定量分析相结合的成果，同时还需要用实验来证明。

图灵预言，在 20 世纪末，一定会有电脑通过"图灵测试"。2014 年 6 月 7 日在英国皇家学会举行的"2014 图灵测试"大会上，举办方英国雷丁大学发布新闻稿，宣称俄罗斯人弗拉基米尔·维西罗夫（VladimirVeselov）创立的人工智能软件尤金·古斯特曼（Eugene Goostman）通过了图灵测试。虽然"尤金"软件还远不能"思考"，但也是人工智能乃至于计算机史上的一个标志性事件。

现在，我们构造了一个虚拟社会经济系统，这个计算机仿真模型可以替代一个国家总理进行一个国家的国民经济宏观管理活动进行决策，也可以替代一个企业家进行企业管理的决策，此外还可以替代一个私人投资者管理他的财务决策。简单地说，我们可以替代整个人类进行全球化经济决策。因此，我们可以在这个基础上采用经济人工智能模型对各种从事经济活动的人提出如下一些问题：你按这个价钱买这种商品吗？你愿意给的价钱是多少？你愿意买多少？你按这个价钱卖这种商品吗？你愿意出什么价钱？你愿意卖多少？等等。据此，我们可以在以上的研究成果的基础上建立一个基于经济人工智能模型的图灵测试方案。显然，如果 SED 模型能够通过图灵测试，就可以证明 SED 模型将是合格的经济人工智能产品。

## 三 复杂经济系统平台的测试报告

对于基于超级计算机的复杂经济系统的研究平台来说，一个高耦合的连续系统中，海量的 Agents 之间进行并行运算是产生的通信量几何级增长的技术瓶颈问题。因此，对关键的技术的测试是要检验在超级计算机上进行大规模的并行运算时的计算效率。

为此，我们在自然科学基金 nsfc2015_ 102 号项目的资助下进行超大规模的并行运算的测试。该项测试在 2017 年 2 月 16 日完成。基于超级计算机的复杂经济系统的研究平台的软件名称为：基于多元价值理论的社会经济动态仿真模型系统 SED – 1（简称：SED – 1 模型）。

### （一）应用背景及意义

运用复杂理论研究经济问题，是当前世界科学的前沿课题，这种研究方法通过 Agent 由下向上建模方式，构建全球化经济仿真模型，采用人工智能和计算机仿真技术进行大规模并行计算，使得每一个 Agent 具有自适应、自学习、自进化的功能，最终获得经济优化运行的解决方案。

基于 SED 模型的经济大数据仿真实验是用计算机进行智能化的数字仿真并行计算，仿真对象是国民经济中的居民、企业、行业、政府、国家、国际经济和相应的市场等，这些对象个体称为 Agent。经济系统是一个高度耦合的系统，每次仿真运行都需要在 Agents 之间进行大量的信息交换。根据测算，要进行全球化经济仿真，计算的 Agents 个数至少达到 1 亿个。因此并行化效率是一个世界性难题，其中瓶颈是随着计算节点增加通信开销成指数级增长。目前，我们设计了一种创新的树型并行算法，并行效率达到 90%。这意味着我们已经可以进行 1 亿个以上的 Agents 仿真。国际上同类型的逼近现实的高耦合模型只有 ASPEN（2000 年）和 EURACE（2009 年），它们使用超级计算机的计算规模还没达到 10 万个 Agents。

基于 SED 模型技术的经济运行大数据云超算平台今后可以建成

像天气预报一样的全球经济预报系统，通过经济人工智能和计算机动态系统仿真技术，对一个国家或国际经济进行动态系统仿真运行，提供优化的决策方案，建立全球和各国的经济预警、金融和股票市场分析、国民经济平行控制系统等。

**（二）成果及优势**

1. 仿真规模的扩展：

对于本次 SED 模型的大规模并行的弱扩展性测试，以 100 个节点并行作为基准数据，运算 228823 个 Agents 总共 100 个节点 2400 核，迭代仿真并行 400 步，耗时 3 分 19 秒 774 微秒，使用核时为 136；此后，逐步增加节点数和 Agent 个数进行测试，由于节点资源有限，目前最大规模的计算只测试到 700 个节点，1614446 个 Agents 共 16800 核，迭代仿真并行 400 步，耗时 3 分 55 秒 186 微秒。现在，我们正在申请 2000 个节点的大规模并行计算资源，预计近期可以完成 1000 万个 Agents 的测试。

2. 并行计算的优化：

在第一期测试中，我们已通过采用自定义的配置文件和分配算法为各个核定义创建了 Agent 种类和个数，使得各个核只处理分配到自己部分的 Agent，大大加快了前期的处理过程，并且有效地控制了内存消耗。

在本次测试中我们发现，在现代超级计算机的计算过程中，当计算对象是一个高耦合的复杂系统的时候，通常会遇到一种并行计算效率的瓶颈。即在需要使用多计算节点进行并行计算的时候，一方面在每一个执行计算任务的计算节点的计算量负载均衡情况下，增加计算节点可以缩短计算时间；另一方面，增加了计算节点以后，必然会导致不同计算节点之间的通信时间延长。由于在一般的情况下，随着计算节点的增加而耗费的计算时间是线性减少的，而随着计算节点的增加而导致计算节点之间的通信时间则是指数级增长的。因此，在计算节点的数量增加到一定量之后，就必然会出现整个计算机并行计算的时间降低的情形。

对于质量有两个环节：一是单节点内的加速比和效率，二是跨节点的加速比和效率。现在单节的质量还可以进一步提高，但有一定的工作量，一些优化的并行算法已经有了，但要在每一类 Agent 之间都建立，有不少工作量。跨节点的质量，根据测试结果显示，并行效率已达到89%，很好地解决了上述的通信瓶颈，且估计已经基本达到极限了。在这个问题上，我们是领先的。这也说明实现了并行化的并可扩展的 SED 经济模型已经具备了进行国际经济大规模计算（千万甚至上亿个 Agents）的能力。我们还发现，如果用串行的方法进行计算，要用现代超级计算机进行有实用性的大规模计算是不可能完成计算任务的。为了解决这个问题，我们采用了瘦树型并行算法，取得了很好的效果。

（三）测试结果

1. 并行的弱扩展性测试

应用软件名：sed20170120a

算例名称：main

仿真步长：400

表1　　　　　　　　　　并行的弱扩展性测试

| 计算规模（每节点 Agent 数 × 节点数） | 并行核数 | 运行时长（秒） | 时间加速比 | 效率（加速比/进程数）（%） | 消耗核时 | 工作 ID |
|---|---|---|---|---|---|---|
| 2299 × 100 | 2400 | 199.774 | 1 | 1 | 136 | 554518 |
| 2299 × 200 | 4800 | 219.846 | 1.82$x$ | 90.91 | 381 | 554001 |
| 2299 × 300 | 7200 | 238.620 | 2.56$x$ | 85.33 | 612 | 554004 |
| 2299 × 400 | 9600 | 227.548 | 3.59$x$ | 89.74 | 792 | 554279 |
| 2299 × 500 | 12000 | 228.335 | 4.54$x$ | 90.72 | 996 | 554297 |
| 2299 × 600 | 14400 | 229.521 | 5.35$x$ | 89.15 | 1212 | 554368 |
| 2299 × 700 | 16800 | 235.186 | 6.23$x$ | 89.00 | 1451 | 554548 |

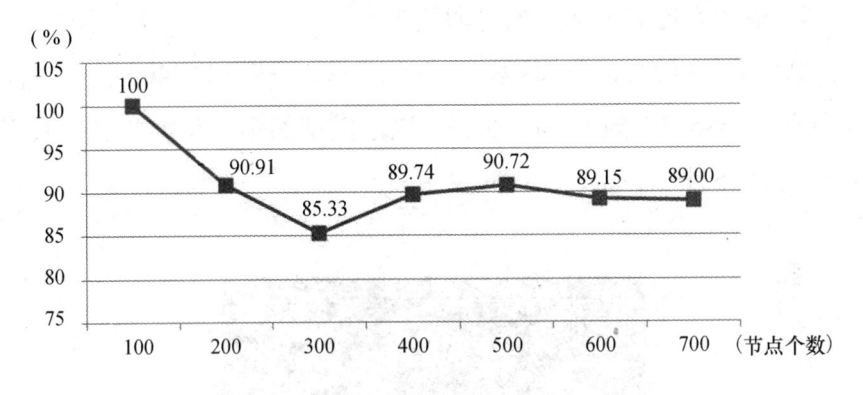

图3　并行效率

测试数据说明：

对于这次 SED 模型的大规模并行的弱扩展性测试，以 100 个节点并行作为基准数据，运算 228823 个 Agents 总共 100 个节点 2400 核，迭代仿真并行 400 步，耗时 3 分 19 秒 774 微秒，使用核时为 136；此后，逐步增加节点数和 Agent 个数进行测试，由于节点资源有限，目前最大规模的计算只测试到 700 个节点。现在，我们已经申请 2000 个节点的大规模并行计算资源，估计最近就可以完成 1000 万个 Agents 的测试。

## 2. 并行效率测试部分截图

**a.** 以下为超算上运行测试的部分历史作业情况：

| 作业号 | 分区 | 作业名 | 用户组 | 状态 | 开始时间 | 结束时间 | 使用机时 |
|---|---|---|---|---|---|---|---|
| 554548 | BIGJOB1 | big_sedrun.sh | nsfc2015_102 | 3 | 2017-01-21 10:34:41 | 2017-01-21 10:39:52 | 1451 |
| 554518 | BIGJOB1 | big_sedrun.sh | nsfc2015_102 | 3 | 2017-01-21 08:36:06 | 2017-01-21 08:39:30 | 136 |
| 554516 | BIGJOB1 | big_sedrun.sh | nsfc2015_102 | 3 | 2017-01-21 08:31:35 | 2017-01-21 08:34:57 | 134 |
| 554368 | BIGJOB1 | big_sedrun.sh | nsfc2015_102 | 3 | 2017-01-20 23:16:16 | 2017-01-20 23:21:19 | 1212 |
| 554297 | BIGJOB1 | big_sedrun.sh | nsfc2015_102 | 3 | 2017-01-20 22:30:10 | 2017-01-20 22:35:09 | 996 |
| 554279 | BIGJOB1 | big_sedrun.sh | nsfc2015_102 | 3 | 2017-01-20 22:21:23 | 2017-01-20 22:26:20 | 792 |
| 554004 | BIGJOB1 | big_sedrun.sh | nsfc2015_102 | 3 | 2017-01-20 17:36:15 | 2017-01-20 17:41:21 | 612 |
| 554001 | BIGJOB1 | big_sedrun.sh | nsfc2015_102 | 3 | 2017-01-20 17:28:06 | 2017-01-20 17:32:52 | 381 |

**图4　超算上运行测试的部分历史作业情况**

**b.** 模型在超算上运行的打印信息

100个节点并行Agents数，每个节点24核，共2400核；当前为节点"cn8613"的Agents部署，属于模型的第150个节点，共需要创建3576个Agents。

**图5　超算上运行测试点为"cn8613"的Agents部署**

基于现代超级计算机技术的智能化……构建与在区域经济中的应用　　169

共需要计算 228823 个 Agents。

**图 6　超算上运行测试运行时长**

运行总时长 3 分 19 秒 773 微秒，除去创建 Agents 的时间，仿真运行时长为 3 分 15 秒 228 微秒。

c. 700 个节点共计算 1614446 个 Agents

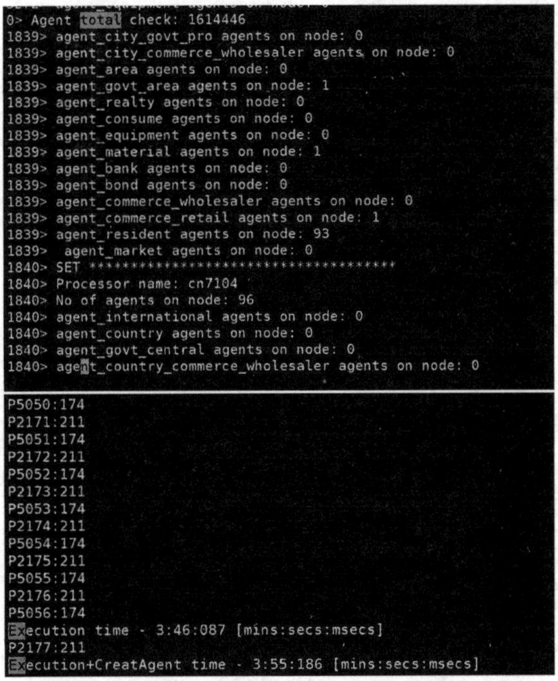

**图 7　超算上运行测试 700 个节点的 Agents 情况和运行时长**

运行总时长 3 分 55 秒 186 微秒，除去创建 Agents 的时间，仿真运行时长为 3 分 46 秒 87 微秒。

3. 并行效率通信耗时分析

a. 对于约 5500 个企业，95000 人的数据规模，利用 SED 模型进行 30 年的经济模拟，i7 微机所需要的运算时间约为 95.6 天，天河二号超级计算机所需要的运算时间约为 16.5 秒。

b. 对于约 110000（11 万）个企业，1900000（190 万）人的数据规模，利用 SED 模型进行 30 年的经济模拟，i7 微机所需要的运算时间约为 36819 天（100.87 年），天河二号超级计算机所需要的运算时间约为 6362.4 秒（1.76 小时）。

c. 对于约 3400000（340 万）个企业，60000000（6000 万）人的数据规模，利用 SED 模型进行 30 年的经济模拟，i7 微机所需要的运算时间约为 96150 年，天河二号超级计算机所需要的运算时间约为 70.2 天。

d. 以 SED 模型进行 1 年经济模拟，i7 微机所需运算时间是企业数的千分之八级别的二次增函数。

e. i7 微机所需运算时间是人口数的十万分之三级别的二次增函数：

关于质量有两个环节：一是单节点内的加速比和效率，二是跨节点的加速比和效率。现在单节的质量还可以进一步提高，但需要花费一定的工作量，一些优化的并行算法已经有了，但要在每一类 Agent 之间都建立，有不少工作量。跨节点的质量，由以上测试结果可知，并行效率达到 89%，很好地解决了上述的通信瓶颈，且估计已经基本达到极限了。我们申请了发明专利，正在公示期。在这个问题上，我们是领先的。这也说明了实现了并行化的并可扩展的

SED 经济模型已经具备了进行国际经济大规模计算（千万甚至上亿个 Agents）的能力。

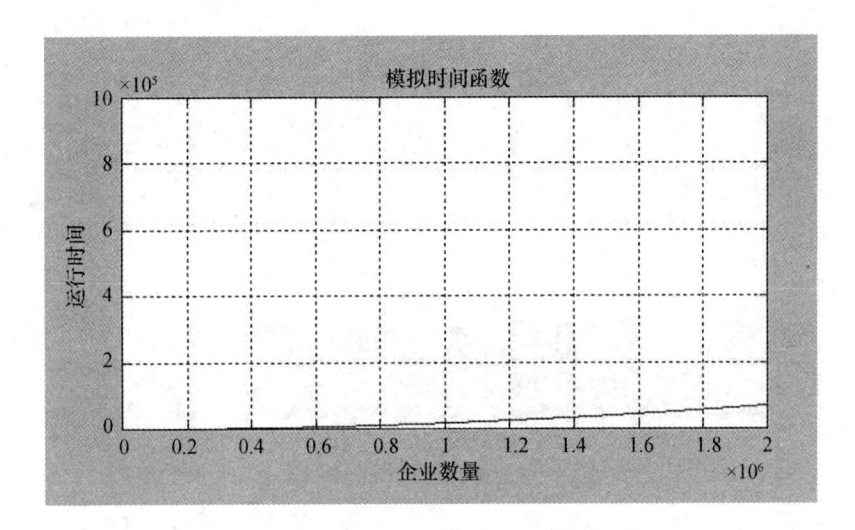

**图 8　200 万个企业时间模拟图**

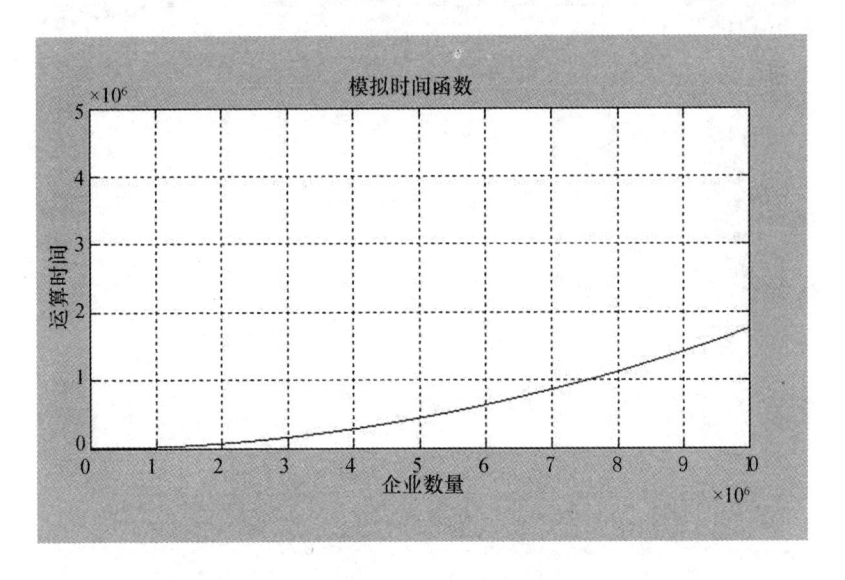

**图 9　1000 万个企业时间模拟图**

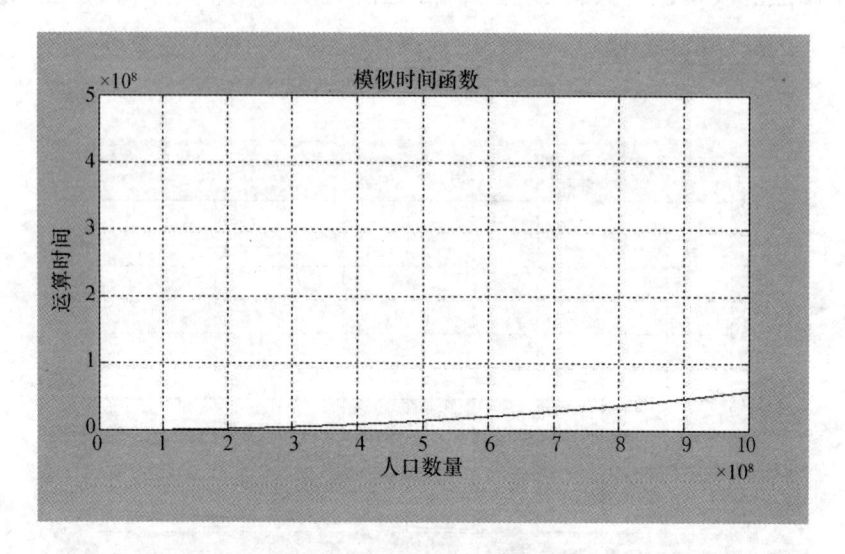

**图 10　10 亿人口时间模拟图**

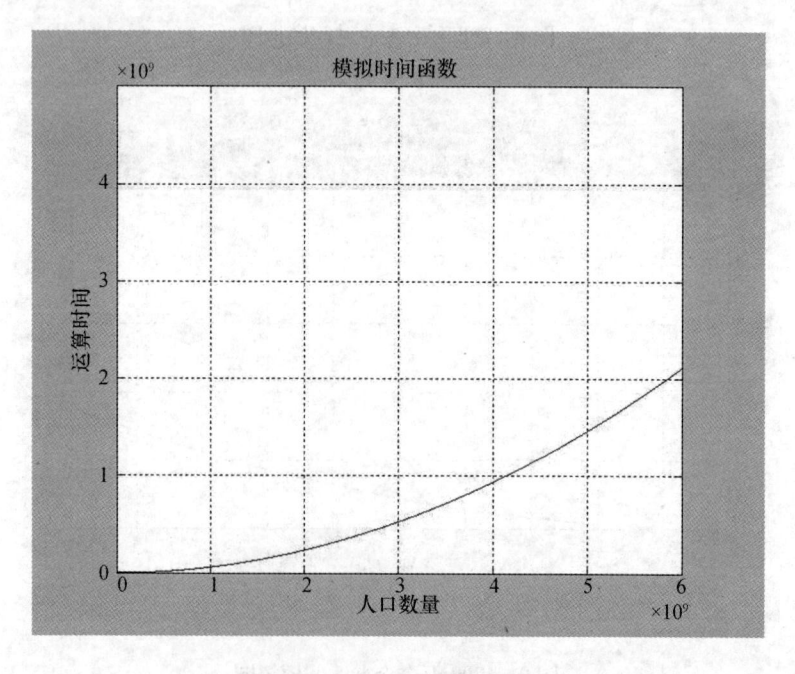

**图 11　60 亿人口时间模拟图**

因此，需要仿真的 Agents 的数量达到 1000 万个以上。特别是，由于全球化经济是一个相互关联的整体，因此在计算机动态仿真过程中每一个 Agent 之间都需要交换信息。需要通信的信息量极大。根据我们测算的结果，以 Agent 为自变量，以通信量为因变量的函数的拟合曲线如下：

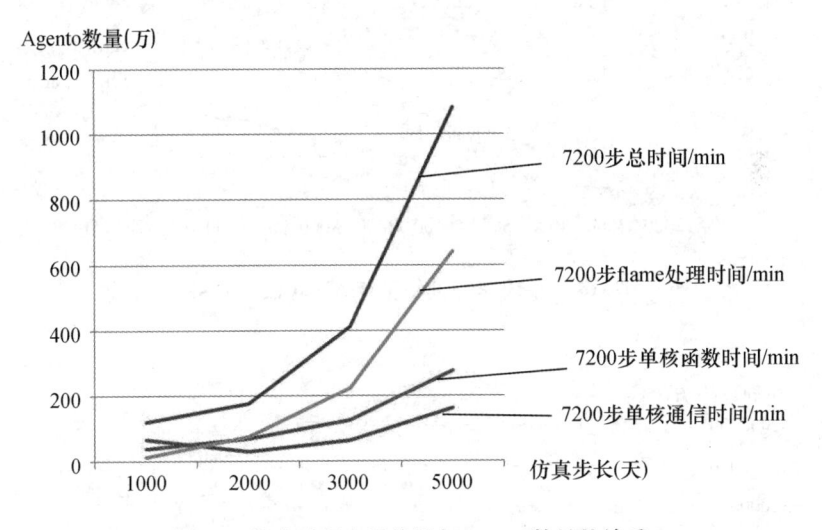

**图 12　仿真过程中通信量与 Agent 数量的关系**

7200 步单核通信时间拟合函数：$f(x) = 1.455e-005 \times x^2 - 0.06184 \times x + 2$

7200 步单核函数时间拟合函数：$f(x) = 8.705e-006 \times x^2 + 0.007786 \times x + 21.72$

7200 步 flame 处理时间拟合函数：$f(x) = 2.761e-005 \times x^2 - 0.007541 \times x - 9.245$

7200 步总时间拟合函数：$f(x) = 5.086e-005 \times x^2 - 0.06159 \times x + 121.5$

因此，如果用串行的方法进行计算，要用现代超级计算机进行有实用性的大规模计算是不可能完成计算任务的。为了解决这个问题，我们采用了瘦树型并行算法，取得了很好的效果。

f. SEDToFlame 通信量的测试

以下为前期我们使用 Flame 平台进行的大规模并行仿真测试，

当仿真规模扩大时，Flame 通信量大幅增加，使并行效率过低，具体图形展示以及拟合函数如下图所示：

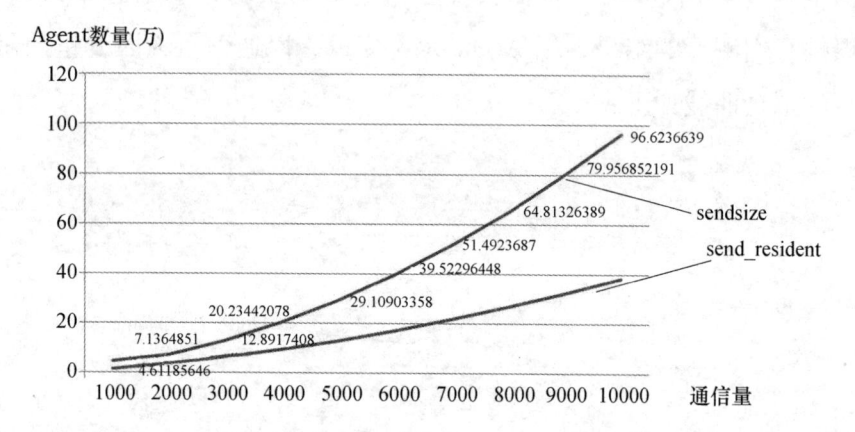

**图 13　第 10 天总通信量与 Agent 数量关系**

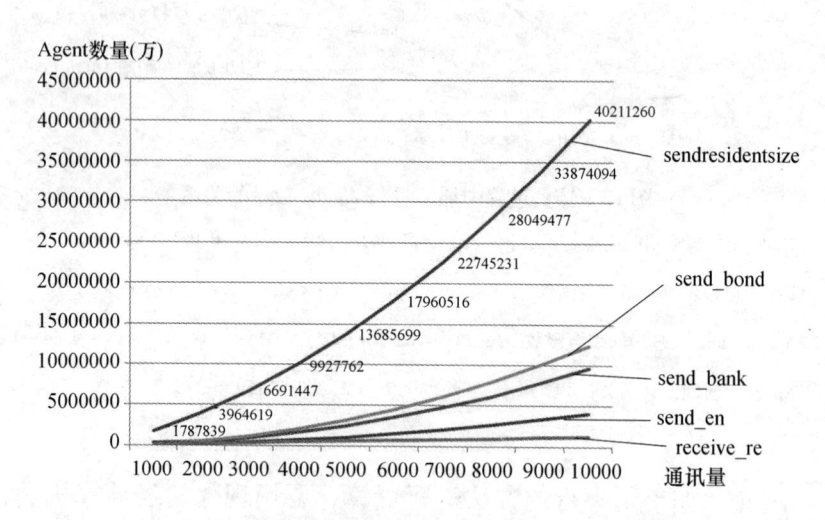

**图 14　第 10 天各类消息板的通信量与 Agent 数量关系**

总通信量和 agent 的关系：$f(x) = 8.116e-7\ x^2 + 0.001386\ x + 1.767$ 居民发送量和 agent 的关系：$f(x) = 2.47e-7\ x^2 +$

0.001355 x + 0.09433 测试结果说明：根据以上 SEDToFlame 通信量的测试说明 Flame 自带的通信方式效率过低，而现在我们使用的直接使用 MPI 底层函数就很好地解决了这一问题，这一技术上的进展，使得我们在 SED 模型大规模仿真并行效率上有了很大的提升。

## 四 经济复杂系统平台应用案例

### (一) 主要应用案例的概况

在这里，我们仅介绍三个主要应用案例：

案例1：应用 SED 模型[①]对国际金融危机背景下中国4万亿元财政投资效应进行分析。

研究方法：（1）用现有公开的数据，在假定这些数据是真实可靠的前提下，将其中微观部分的行业数据（统计年鉴只有行业数据，而我们需要企业数据）进行符合理论逻辑的数据处理，改为相应的企业数据，作为 SED 模型的主要输入数据；（2）根据中国公开的经济统计数据中的微观数据和相关要求，使用 SED 模型，模拟中国国民经济宏观和微观系统近年运行规律；（3）进行多种可能的经济预案模拟分析；（4）对已实施的国家宏观政策进行后果评估。

完成效果：模型模拟输出的结果连续5年，符合2005—2009《中国统计年鉴》中关于宏观经济数据的主要指标（包括 GDP、通胀率、基尼系数等）误差率在5%以内；输入政府4万亿元宏观调控的政策以后，模型的主要输出结果符合理论逻辑，以及符合多数

---

[①] SED 模型的全称为社会经济动态仿真系统模型（a simulation system model of socio-economic dynamics），是 ACE-CE 模型的前身。

人的日常经验。

主要结论：（1）当时（2007年），中国经济已经处于全面和严重的产能过剩阶段；（2）国际金融危机加剧了产能过剩的程度；（3）中国的4万亿元财政投资是量化宽松的政策，存在方向性的错误，它进一步提高了我国现有产品的生产能力，导致产能过剩的程度加剧；（4）正确的办法是要进行全面的产业升级换代，采取将过剩产能转换为高档次产品的生产方向；（5）国家财政政策要兼顾国际市场萎缩、居民失业增加和产业转型的困难各方面的问题；（6）如果采用4万亿元财政投资将会引起严重通货膨胀。这一研究结果在2010年年中提出，当时就引起了项目相关的专家的重视。事后也验证了该报告的正确性。可惜中国政府在采取相关政策措施以前没有用SED模型进行仿真，否则，可以避免后来产生的严重通货膨胀以及随后出现的一系列恶果。

案例2：应用SED模型的创新技术建立具有长效机制的广东省宏观经济决策支持系统——2013年广东省整体经济仿真与预测。

研究方法：（1）在原有的SED模型的国家模型的基础上，增加了省级区域经济模型、外贸模型、房地产模型、人机对话平台等；（2）采用历史仿真的方式，在输入中国与广东省2010—2012年三年的微观经济数据的基础上，用宏观与微观一体化的SED模型，仿真全国与广东省2010—2012年三年的宏观经济的主要指标，并以此与国家统计局的统计数据比较，验证模型的合理性与客观性；（3）在完成以上基准效验工作的基础上，进一步用SED模型预测2013年，以及未来一年主要指标的变化趋势，并采用相关系数分析的方法，研究外部环境变化因素的影响结果。

研究成果：（1）建立了一个基于SED模型技术的国家与省级经济区域的远程仿真中心；（2）输入实际数据，历史回归仿真连续三年全国和广东的主要经济指标GDP与国家统计数据误差在5%以内，其他经济指标基本在合理范围以内，符合统计规律和经济学日常经验；（3）进行广东省2013年整体经济仿真与预测。

主要结论：广东省当前的整体经济正处于较难应对的经济滞涨状态。面对这种经济状况，我们应该采取盘活广东省区域经济内部资金，调动广东省区域经济内部需求，系统微调、稳健发展，争取中央政府资金支持和大力发展国际和省外市场的宏观经济政策。具体如下：（1）采取公益和盈利相结合的房地产模式，发展宜居型房地产业；（2）建立经济快车道，消除过剩产能，实现广东省工农业转型升级的目标；（3）加强对社会游资的科学管理，降低金融风险；（4）争取中央政府资金支持发展区域内基础建设；（5）大力发展国际和省外市场扩大产品市场销路。

案例3："十三五"战略性新兴产业培育与发展规划咨询研究——应用SED模型分析战略性新兴产业对中国中央政府和部分地方政府GDP的影响。

研究内容：（1）应用SED模型测算战略性新兴产业对中国GDP的影响，分析战略性新兴产业整体占GDP份额情况；（2）与战略性新兴产业预期目标进行对比分析，研究目前战略性新兴产业发展存在的问题；（3）研究战略性新兴产业实现到2015年增加值占全国GDP的份额为8%的目标所需要的条件和环境；（4）研究实现2015年目标需要的政策措施，为进一步制定"十三五"战略性新兴产业规划提供依据。

研究方法：（1）建立基于 SED 模型的战略性新兴产业分析模型；（2）输入实际数据，历史回归仿真连续三年全国和部分地方的主要经济指标 GDP 与国家统计数据误差在 5% 以内，其他经济指标基本在合理范围以内，符合统计规律和经济学日常经验；（3）进行全国和地方战略性新兴产业发展现状的仿真；（4）在上述工作基础上，利用 SED 模型进行 2015 年战略性新兴产业对中国社会经济的贡献的仿真预测，研究 2015 年中国和地方战略性新兴产业要完成"十二五"规划目标所需要的条件。

主要结论：SED 模型在历史回归仿真 2010—2012 年三年的全国主要经济指标方面具有较好的仿真精度。在此基础上，我们能够进一步仿真、测算 2010—2015 年中国战略性新兴产业的发展现状及其对中国经济的影响。由此可见，利用 SED 模型研究战略性新兴产业对国民经济的影响问题是可行的。

2010—2015 年中国战略性新兴产业呈平稳的增长趋势，在 2010—2012 年的基础之上，从 2013 年开始战略性新兴产业的发展速度逐年增快，对 GDP 的贡献率也在逐年提升中。2015 年战略性新兴产业的增加值占生产总值的 7.2%，未能完成预期的"到 2015 年，战略性新兴产业增加值占国内生产总值比重达到 8% 左右"的目标。要完成预期目标，政府需要制定相关的激励政策。在不增加财政支出的情况下，调整财政支出的比例，扩大其中科技投资和高新产品补贴。

（1）因科技投资具有延时性，由仿真结果可知，当科技投资加大 15% 的时候，且至少连续三到五年的一个投资计划，即从 2010 开始加大科技投资、战略性新兴产业有较好的发展，到 2015 年的时候，全国可以达到8%的目标。

（2）物价补贴政策具有直接且见效快的特点，由仿真结果可知，在2014年年底或2015年年初进行物价补贴，补贴幅度在15%到20%对GDP和新兴产业有较大且较优的影响，到2015年年底，战略性新兴产业占广东生产总值的7.97%，基本完成预期8%的目标。若从2010年开始进行物价补贴的话，到2015年，补贴幅度在5%—15%直接均可以达到目标，且10%的补贴效果最好。

战略性新兴产业的发展，将极大地推动中国GDP的增长，也为中国的税收收入做出一定的贡献，此外，居民生活水平的提高与战略性新兴产业产生良好的循环推进作用，以及政府对战略性新兴产业的重视，在政策上的倾斜和支持在某种程度上对其发展产生了很好的效益。

根据仿真结果，结合中国总体经济和战略性新兴产业发展的具体情况具体分析，要实现2015年战略性新兴产业发展的预期目标，加快"十三五"战略性新兴产业发展需要采取的政策措施建议如下：（1）优化资源配置，加速战略新兴产业中的重点产业的发展，有利于提高我国经济发展的国际竞争力。（2）加大政府科技投资和科技补贴，鼓励企业技术创新，消除过剩产能。（3）建立经济快车道管理制度，保证中国战略新兴产业与国民经济发展的协调性。

### （二）动态规划功能的应用案例分析

SED模型在模拟宏观经济管理的过程中，建立了一个自动控制子模型。该自动控制模型根据闭环控制的原理，在供求平衡点和利润盈亏点对模型中各个 Agent，包括政府、企业、居民的行为进行自动的动态控制。例如模型中的政府可以根据模型运行过程中各个行业的生产能力过剩的不同状况采取不同方向和程度的经济政策进行宏观调控：当整个社会的生产能力出现过剩现象时，政府采取紧缩的宏观调控政策；当整个社会的生产能力出现不足现象时，政府采取扩张的宏观调控政策。目的是尽可能使得各个行业的生产能力供求水平保持平衡。为了能够更充分地模拟现实的社会经济运动过程，我们设计的 SED 模型在具体使用过程中，可以选择不同的控制方式，既可以在外部输入宏观管理政策措施，也可以利用 SED 模型的自动控制模型进行模拟运行。

相对于自动控制系统，SED 模型还建立了一个非自动子模型。该模型根据开环控制的原理，允许专家和管理人员在供求平衡点和利润盈亏点对模型中各个 Agent，包括政府、企业、居民的行为进行非自动的动态控制。例如，采取外部人为地改变参数，例如改变利率、税率和福利补贴政策等，以期对仿真对象进行人为的决策推演。换句话说，是对国家宏观经济决策、企业扩大生产决策、居民投资储蓄策略等各种可调参数人为进行调整，作为外生变量影响模型的运行结果。

与非自动控制子模型不同，自动控制子模型则是将上述各种决策、策略的可调方案由模型内部的控制机理进行自动调控，在运行过程中不受外部因素的影响，模型中模拟的各种经济行为遵循自动控制的最优原则，从而使得模型的运行结果实现最优。

这种宏观和微观统一的经济自动控制模型具有操作简单、效果明显、满足一般经济规律的规定、符合日常经验的特点，是 SED 模型具有强大实用性的最明显的例子。我们通过多组基础数据的环模拟，对比分析自动控制与外部输入调控方案自仿真基期年份（本文分别以 2009 年、2010 年和 2011 年作为仿真初始年份）运行 20 年后的仿真结果，主要包括 GDP、失业率、通涨率、基尼系数和恩格尔系数这些宏观经济指标，证明自动控制系统产生的经济效果明显高于自发运行的经济效果。

1. GDP 的仿真结果分析

运行 SED 模型仿真国民经济 20 年的增长情况，结果是非自动控制的年递增平均增长率为 16.5%；自动控制的年递增平均增长率为 19.7%。用自动控制的年递增平均增长比非自动控制的多了 3.2%，也就是说采用自动控制方式平均每年能为国家多带来 3.2% 的 GDP 增长。

而通过对增加百分比的加权计算得出自动控制的增长率（加权）为 0.25，非自动（加权）是 0.225。

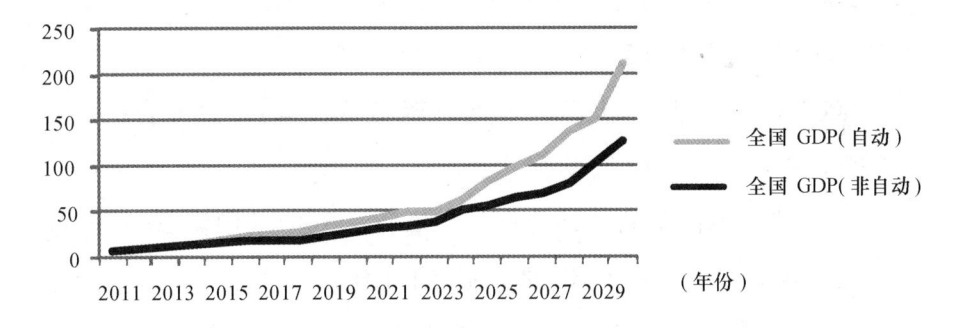

图 15　不同控制方式下经济仿真 20 年的 GDP 增长情况（基期年份：2011 年）

如图 15 所示，同一组基础数据在两种不同控制方式下，经济仿真运行 20 年 GDP 的增长曲线（灰色曲线为自动，黑色曲线为非自动）。通过仿真输出数据归纳得出 GDP 增长的一阶拟合函数，对其求导能得出其斜率，斜率越大表示 GDP 增长速度越快。

模型分别考察了基期是 2009 年、2010 年和 2011 年的经济仿真情况，同一年份采用同一组初始基础数据，在不同的控制方式下，运行20年的仿真结果是不同的。以下分别归纳出三种情况不同控制方式的模型仿真输出的GDP结果的一阶拟合函数：

$x$ 为年份 $y$ 为 GDP 值（单位：十万元）

2011年：非自动 GDP 一阶拟合函数为 $y = 5.117 \times x + (-1.03 \times 10^4)$ 导数为 5.117

2011年：自动 GDP 一阶拟合函数为 $y = 8.491 \times x + (-1.709 \times 10^4)$ 导数为 8.491

2010年：非自动 GDP 一阶拟合函数为 $y = 5.559 \times x + (-1.119 \times 10^4)$ 导数为 5.559

2010年：自动 GDP 一阶拟合函数为 $y = 11.36 \times x + (-2.287 \times 10^4)$ 导数为 11.36

2009年：非自动 GDP 一阶拟合函数为 $y = 5.63 \times x + (-1.133 \times 10^4)$ 导数为 5.63

2009年：自动 GDP 一阶拟合函数为 $y = 11.59 \times x + (-2.335 \times 10^4)$ 导数为 11.59

从上述三种情况的统计分析可以看出，其中基期为2011年的仿真结果是，非自动控制方式的 GDP 一阶拟合函数为：$y = 5.117 \times x + (-1.03 \times 10^4)$，导数为 5.117；自动控制方式的 GDP 的一阶拟合函数为：$y = 8.491 \times x + (-1.709 \times 10^4)$，导数为 8.491，自动控制方式的 GDP 增长比非自动控制方式的增长速度是要快不少。在基期是2009年、2010年的情况下，自动控制方式的导数比非自动控制方式的更大，即 GDP 增长幅度更大。显然，自动控制方式，即对 GDP 的增长采用符合经济规律的客观的调控要比拍脑袋决定的方式有更好的帮助和效益。

## 2. 失业率的仿真结果分析

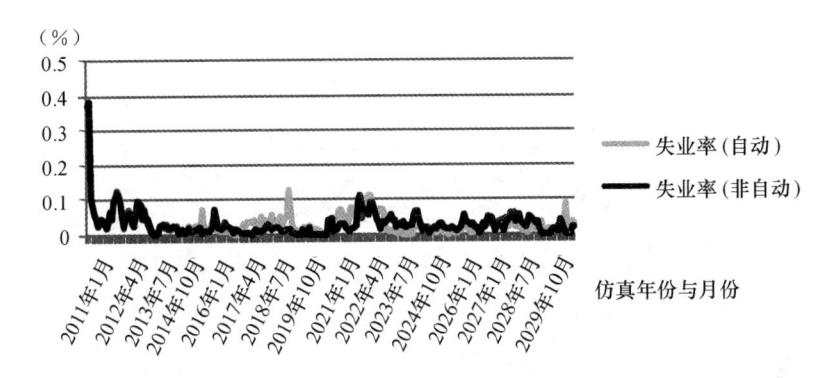

**图16 不同控制方式下经济仿真20年的失业率变化情况（基期年份：2011年）**

从运行SED模型仿真20年国民经济的输出结果可知，基期为2011年的失业率的情况是非自动控制方式的年平均失业率为3.07%；而自动控制的平均失业率为3.23%。自动控制的失业率更高，虽说是高了，但是也是4%以下，而且变化不大，对于仿真结果属于可接受范围。

**表2　　不同控制方式下经济仿真20年的年均失业率**

| 基期年份<br>控制方式 | 2009 | 2010 | 2011 |
| --- | --- | --- | --- |
| 自动 | 3.24% | 3.27% | 3.23% |
| 非自动 | 2.92% | 2.57% | 3.07% |

从表2可以看出，不同基期年份开始经济仿真运行20年后的结果是一致的，这就表明了，符合经济运行规律的整个社会的劳动力资源处于一个比较优化的状态的时候，仍然会有2%—4%的失业

率，合理的针对性的就业政策对降低失业率有较好的影响。

3. 通胀率的仿真结果分析

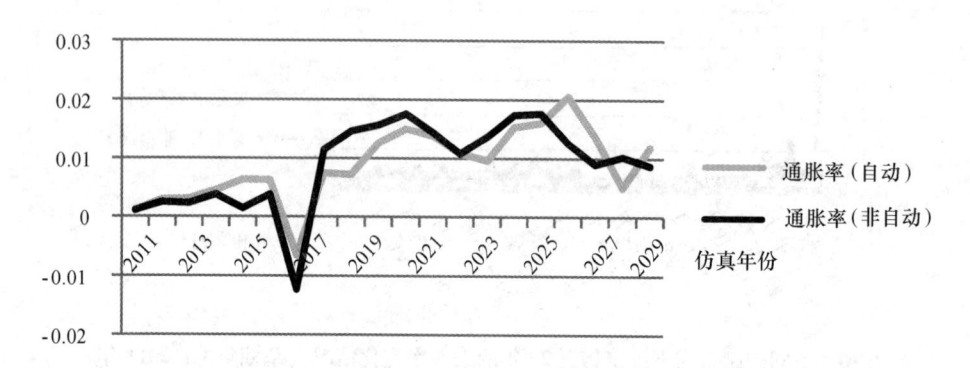

**图17 不同控制方式下经济仿真20年的通胀率变化情况（基期年份：2011年）**

如图17所示，从运行SED模型仿真20年国民经济的输出结果可知，基期为2011年的通胀率的情况是非自动控制的年平均通胀率为0.88%；而自动控制的平均通胀率为0.88%。输出结果不变，自动控制模型在这套方案下对通胀的影响并不大。由此，我们不局限于通胀的情况，也考察通缩的情况，即经济仿真20年的价格变化情况（见表3）：

表3　　　　不同控制方式下经济仿真20年的年均通胀、
通缩情况（绝对值）

| 基期年份<br>控制方式 | 2009 | 2010 | 2011 |
|---|---|---|---|
| 自动 | 1.94% | 1.86% | 1.89% |
| 非自动 | 2.44% | 2.19% | 2.34% |

从表3可以看出，在相同的初始条件下和一个长期20年的经济运行时间内，自动控制方式对维持相对稳定的物价水平有更积极

的影响。

此外,我们对这 20 年间价格的仿真结果进行分析:

表 4　不同控制方式下经济仿真 20 年的平均价格方差和标准差

| 基期年份 | 控制方式 | 方差 | 标准差 |
| --- | --- | --- | --- |
| 2009 | 自动 | 0.0049 | 0.0704 |
|  | 非自动 | 0.0050 | 0.0709 |
| 2010 | 自动 | 0.0048 | 0.0695 |
|  | 非自动 | 0.0043 | 0.0656 |
| 2011 | 自动 | 0.0039 | 0.0629 |
|  | 非自动 | 0.0044 | 0.0663 |

从表 4 可以看出,自动控制的价格的方差和标准差都比非自动的要低,可以看出来自动控制中产品价格相对稳定,这里也可以体现出自动模型的优势。

4. 基尼系数和恩格尔系数的仿真结果分析

基尼系数是表示收入分配差异的指标,0.3—0.4 属于合理范围,0.4—0.5 属于收入差距较大(见图 18)。

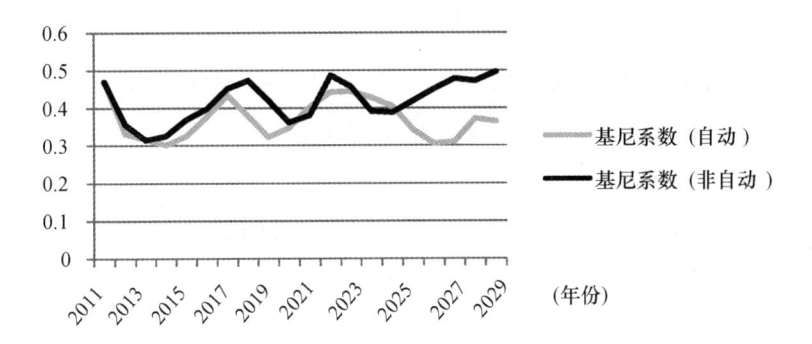

图 18　不同控制方式下经济仿真 20 年的基尼系数变化情况(基期年份:2011 年)

表5　　　不同控制方式下经济仿真20年的平均基尼系数

| 基期年份<br>控制方式 | 2009 | 2010 | 2011 |
|---|---|---|---|
| 自动 | 0.3487 | 0.3774 | 0.3713 |
| 非自动 | 0.4408 | 0.4337 | 0.4178 |

从表5可以看出，在相同的初始条件下和一个长期20年的经济运行时间内，自动控制方式的基尼系数由非自动控制的0.418降到0.37，可以看出自动控制方式可以有效地帮助缩小贫富悬殊，说明自动控制方式所依据的经济原理是正确的，其中涉及的宏观和微观调控方案组合是合理的。

恩格尔系数属于表示居民生活水平的指标，若低于30%表示国家最为富裕（见图19）。

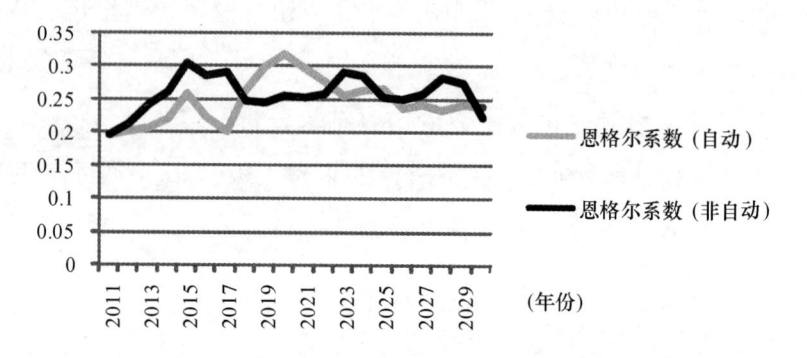

图19　不同控制方式下经济仿真20年的恩格尔系数变化情况

（基期年份：2011年）

表6　　　不同控制方式下经济仿真20年的平均恩格尔系数

| 基期年份<br>控制方式 | 2009 | 2010 | 2011 |
|---|---|---|---|
| 自动 | 0.2397 | 0.2566 | 0.2462 |
| 非自动 | 0.2677 | 0.2608 | 0.2585 |

从表 6 可以看出，在相同的初始条件下和一个长期 20 年的经济运行时间内，自动与非自动控制方式下的恩格尔系数都保持在 0.25 和 0.26 之间，国民经济处于富裕水平。具体而言，自动控制方式下的恩格尔系数要比非自动控制的低，这表明自动控制方式下，国民经济的整体富裕水平更高。

## 五 区域经济中的复杂系统研究平台

在本节中，我们根据这两年以来对粤桂特别试验区的调查情况，对如何在粤桂特别试验区这样的经济体中建立一个经济复杂系统研究平台的问题进行了初步的探讨。重点研究如何在类似粤桂试验区这样的经济实体中建立和应用经济复杂系统研究平台对区域经济进行科学和有效的管理，实现国际、国家、区域经济预测、历史过程仿真、平行控制、决策推演、逻辑验证、策略博弈、智能规划，提高优化决策水平，使得解决方案逐步逼近全局最优，最终实现在区域经济中有效应用基于现代超级计算机技术的智能化经济复杂系统研究平台对现实的国民经济系统进行管理的目的。

### （一）项目背景及目标

1. 项目背景

建立大型仿真中心是国际流行的重要科学建设项目。这种类型项目的投资规模较大，通常在数亿元以上。例如中国第一个仿真中心，即航天科工的北京仿真中心是一个局级单位，主要研究导弹仿真，有上百人的编制。前后投入资金规模不下十多亿元。中国社会科学院原来准备建设一个社会科学领域的中国社会复杂系统的仿真中心，第一期申请经费是 40 亿元。尽管这个项目最后没有申请成功。但是，这个由中国社科院和航天科技集团共同筹办的项目的申请经费预算的规模反映了一般的情况。

现在，广州市长程软件有限公司经过十多年的努力，建立了世界上第一个虚拟社会经济系统，可以进行国际、国家、省、市、县、行业、企业、居民的系统仿真软件模型。现在这个模型的硬件运行系统，即天河二号超级计算机的总投入需要 30 多亿元。按照这一类项目的行业惯例，硬件和软件的投入比例是 1∶3，即硬件 1，软件 3 以上。换句话说，如果天河二号超级计算机系统完全为我们的经济仿真系统服务的话（根据现在的初步测算，如果真正进行中国的国民经济仿真，天河二号的计算能力还远不够），那么，一个具有完全产权的软件和硬件的国民经济仿真实验室的总投入将达到 100 亿元以上。

2. 初步设想

为打造区域经济运行体系的大数据引擎，促进地区发展战略创新、高端经济智库构建及相关专业服务平台建设等全面发展。全国范围内任何地方区域（以下简称"某地区"或"合作地区"）与航天科技十二院和广州市长程软件有限公司（以下简称"供应方"），通过双方协商一致的合作方式，共同建设"国民经济仿真实验室"（以下简称"实验室"）。

本建设方案主要从实验室的建设、运营、费用概算、进度安排和设计方案五个方面描述实验室的建设工作。根据实际情况，供应方提出初步设计方案（第九节），即设计了一个大规模计算的硬件利用中国国家超算广州中心的天河二号超级计算机，小规模计算的硬件由合作地区投入，软件使用供应方现成的远程仿真中心的系统。由于这个项目的软硬件都是已经建成，可以逐步投入使用，合作地区只需要建设一个小规模的国民经济仿真实验室的小型计算机硬件（服务器）系统和模型运行结果展示厅即可以投入使用。这个项目的特点是，"国民经济仿真实验室"在进行一般的小规模的计算的时候，可以采用本地的局域网系统的硬件环境进行国民经济仿真运算。如果要进行真正有实用性的超大规模的计算的时候，可以通过远程仿真的方式调用中国国家超算广州中心的天河二号超级计算机进行计算。这种科学和灵活的设计，具有投入少、功能多、实用性强、软件和硬件系统国际领先的优点。

3. 项目目标

建设总目标：立足该地区，充分利用双方的资源与技术优势，打造国内一流、世界领先的经济仿真实验室。在理论创新、经济效益、社会价值三个方面齐头并进，使该地区的国民经济仿真实验室成为一个拥有自主品牌价值和自我造血运营能力的相对独立的实体，最终成为经济仿真领域的开拓者、领导者。力争项目能够投入正常运营以后，一年以内全国闻名，两年以内实现日常运营收支平衡，三年以内世界经济领域有较大的知名度，五年以内有较大的盈利能力。

## （二）SED 模型简介

### 1. SED 模型概况

虚拟社会经济系统模型（Social Economy Dynamic Simulation System Model 简称，SED 模型）是在创新的现代科学的经济学理论的基础上，采用先进的计算机动态仿真技术建立的一个与现代商品经济社会逼近的经济计算机动态仿真软件模型。SED 模型具有国际先进水平的智能化的宏观与微观一体化的经济决策支持系统，具体功能如下：

（1）经济的理性人的模拟功能；

（2）企业的微观经济决策模拟功能；

（3）经济运行的最优化分析功能；

（4）经济临界条件分析模拟功能；

（5）理论正确性验证功能。

形象地说，SED 模型可以称为一个经济日常生活领域的"天气预报系统"，每天向各个地区的居民和政府部门发布经济信息预报，告诉人们未来几天或几个月的当地市场上的各种商品供求和价格变化状况。SED 模型也可以称为一个经济理论和管理领域"科学实验室"，不仅经济理论家可以通过 SED 模型的模拟运算验证自己的理论结论的合理性，同时，企业和政府的管理人员也可以通过 SED 模型的模拟运算检验自己的经济计划和政策的有效性。SED 模型也可以称为一个"社会经济最优规划系统"，进行有效的动态、多目标规划的计算机大型计算，使得未来人类的社会经济可以进入真正的科学的现代化管理时代。

2. SED 模型特点

（1）SED 模型是一个基于机理建模的经济模型

在经济学领域有三种基本的建模方法，分别为统计建模、规则建模、机理建模。在统计建模方法中只能表现统计环境内的特殊的经济规律；规则建模只可以表现规则范围内的局部的经济规律；机理建模可以表现经济运行的所有特殊形式。SED 模型具有通用性，可以模拟经济学范畴内大部分的特殊环境下经济的一般运动规律。

(2) SED 模型是一个复杂社会经济巨系统

SED 模型是一个典型的复杂巨系统。复杂巨系统的基本特征是具有大量微观经济主体，它们按照一定的经济规律进行活动，使得经济系统的运行趋向均衡和优化。

(3) SED 模型是一个经济实验室

SED 经济实验室可以通过可重复的实验手段，验证理论的合理性和实践计划的可行性，从而提高社会经济发展的可预见性。经济的可否预测，决定于经济主体的活动是否符合经济规律。正如托尔斯泰所说：幸福的家庭都是相似的，不幸的人生各有不同。只要人类社会理性的程度越来越高，幸福的家庭就越来越多，人类社会的经济发展就越来越容易预测。SED 模型就是我们实现这个目标的关键技术。

3. SED 模型近年应用情况

2009 年，长程公司与中国社会科学院数量经济与技术经济研究所合作研究，应用 SED 模型进行仿真实验，形成了《国际金融危机背景下我国四万亿财政投资效应分析与 SED 模型的应用》这份报告，该报告是中国社会科学院数量经济与技术经济研究所主持的科技部专项课题《当前技术经济社会发展中重大问题的系统模拟与综合集成研究》（国科发财（2009）411 号）的一项子课题成果。

2012 年，长程公司完成了广东省发改委研究课题：《应用 SED 模型的创新技术建立具有长效机制的广东省宏观经济决策支持系统——2013 年广东省整体经济仿真与预测》。

2014 年，长程公司参与了中国工程院和中国科学院承接的国家发展改革委员会课题《"十三五"战略性新兴产业培育与发展规划咨询研究》，并根据课题分工，长程公司进行了应用 SED 模型对战略性新兴产业与我国 GDP 关联分析研究工作，完成全国范围、东北地区（辽宁、吉林、黑龙江）、上海市以及广东省的战略性新兴产业的分析案例，形成了《应用 SED 模型分析战略性新兴产业对我国和部分地区 GDP 的影响》的研究报告。

2014 年，中国建立的世界第一的"天河二号"超级计算机建成。长程公司与国家超算广州中心建立了战略联盟关系，共同进行基于天河二号的云超算与大数据创新基地的建设。2017 年 5 月 25 日，长程公司在国家自然科学基金和国家超算广州中心的资助下，应用天河二号超级计算机进行大规模并行运算的实验，成功地完成了 1000 万个仿真对象的科学实验。充分的科学实验结果表明，基于 SED 经济仿真实验室的系统性、动态性、并行化大规模计算能力和仿真逼真度等主要指标都远远超过了国际上采用现代西方经济学理论建立的同类型的经济学计算机仿真模型。例如，现在国际上最先进的能够进行大规模并行化计算的基于西方经济学的 DSGE 模型只能进行离散化的 Agents 的基于统计结果的宏微观一体化仿真分析。但是，基于 SED 的计算机仿真模型的 Agents 之间与宏观经济之间都是相互关联和互动的宏微观一体化模型，不仅可以进行 1000 万个以上的大规模并行化计算，同时还可以采用演绎法进行具体数值的定量分析，而且主要经济指标的仿真逼真度达到了 95% 以上。

2016 年 9 月 12 日，长程公司与粤桂试验区签订《共建粤桂（中国）国民经济运行仿真中心协议》。联合组建粤桂（中国）国民经济运行仿真中心、建设经济学仿真实验室、SED 企业信息港以及两广经济仿真平行控制系统的项目等工作内容，深化在粤桂试验区科技创新、平台建设、智库构建、决策咨询、政策争取等领域展开合作，加强粤桂试验区科技创新驱动经济发展，为提升区域核心竞争力打造先进科技支撑。

2016年10月18日，长程公司公司与广东省党校签订了建立SED经济仿真实验室合作协议。这个实验室采用世界领先的天河二号超级计算机进行大规模的并行计算。并可以通过互联网同时为成千上万的客户提供远程服务。有了这个仿真实验室，学校的老师和学生可以通过仿真实验室进行经济学的教学。

2016年11月21日长程公司承接的中国工程院和中国科学院承接的国家发展和改革委员会课题《"十三五"战略性新兴产业培育与发展规划咨询研究》第二期研究课题正式启动，根据要求，课题研究将于2017年12月完成。

## 六 实验室建设

### （一）建设主体

实验室由合作地区实际指派的具体单位与供应方共同建设，其主要分工与职责如下：

1. 合作单位工作职责

（1）需紧密围绕国家和当地新时期下的历史使命，结合当地发展趋势，全面推进当地的现代化体系构建。加强领导，强化管理，全力推动"国民经济仿真实验室"建设。为实验室搭建合理组织架构，并提供基础设施及其配套软硬件、日常运营经费，提供人才引进等方面便利。

（2）全力支持实验室的业务拓展。积极为实验室争取国家或当地有关项目，将国家或当地交由合作单位的有关课题或项目优先安排给实验室开展研究。

（3）积极为实验室争取国家各部委和当地的政策扶持和专项资金支持。

2. 供应方工作职责

（1）需强化管理，组织专业队伍，设立常驻专员，共同推进组建实验室，全力推动"SED政府决策支持系统""SED企业信息港""SED信息交易平台"的建设以及各项合作工作，提高该地区的科技竞争力和区域影响力。

（2）需积极承担实验室的运营管理服务、为国家和当地政府及重点企业提供经济研究分析报告、决策咨询等服务；为该地区争取课题、项目、政策提供成果支撑；积极协助该地区开展专题培训、宣传推介策划、交流对接活动等。

### （二）硬件建设

实验室由当地提供500—1000平方米的办公场地，配备必需的硬件设施和基础建设，作为主要办公场所、研究基地、展示窗口。

该实验室主要由四个部分构成：成果展示区、仿真研究区、工作办公区、本地机房。

1. 成果展示区

由平面文图展示区和多媒体展示区构成。基本功能：

介绍国民经济仿真实验室研究成果；

介绍基于国民经济仿真实验室的计算机仿真模型的使用方法；

介绍专家顾问的资料。

2. 仿真研究区

由仿真客户终端、会议室构成。基本功能：

远程登录国家超算广州中心的天河二号计算机上的国民经济仿

真实验室的仿真平台（或者登录安装在本地的经济仿真平台），调用计算机仿真模型，进行国民经济的系统仿真。具有现代多媒体仿真实验室的特色，可以进行国民经济仿真，包括国家或地区的国民经济平行控制、经济预警、经济现状分析、经济短期预报、经济决策效应推演、经济理论验证功能，其中国民经济仿真可以逐级细化到省、市、县级经济仿真，包括行业、企业、居民的日常经济运行过程。

提供30人以内的小范围科研人员培训、研究和交流环境。

3. 工作办公区

为实验室成员的主要办公区域，设置实验室主任、副主任办公室，数据处理区、模型调试区、综合管理区等。

4. 本地机房

本地机房主要为部署仿真模型服务器，用于实验室的本地模型调试、数据处理、模型展示与研究、与广州超算中心的数据缓存等。

（三）软件建设

实验室的软件建设以SED的社会经济系统模型为核心，设立"经济学仿真实验平台"，其中包括"静态规划实验室""动态规划实验室""动态仿真实验室"。在此基础上，今后在有项目的条件下，以定制方式进一步开发"SED政府决策支持系统""SED企业信息港""SED信息交易平台"三个平台。旨在从发展战略、科技研发、体制机制、产业体系、资源整合等方面创新发展，打造该地区的高端经济服务平台以及核心智库，并逐步建设成为立足当地、服务中国、引领世界的重要新型经济智库。

1. 需投入的软件系统

经济学仿真实验平台：实验室设"经济学仿真实验平台"，由供应方以创新的现代经济学为理论模型，以《财富论》建立的价值微分流形体系为数学模型，以 SED 模型为计算机模型，同时采用现代经济学的实验教学软件建立起来。通过网络远程访问系统，建立"客户端—中控机—仿真中心"三位一体的实时同步的远程仿真实验室，包括：

（1）静态规划实验室：是一个由商品生产静态规划模型、商品交换静态规划模型、货币购买静态规划模型、价值型与实物性统一的投入产出模型构成的基于现代经济学的静态规划模型体系。在假定已知有限的生产资源的情况下，采用现代线性规划技术，对 42 个行业、多个生产主体，在规划时间内的最优化资源配置进行分析，提供科学的宏微观一体化的国民经济生产计划。

产品特点：线性规划、静态分析、科学决策。

适用领域：在假定外部环境不变的情况下，为国家各级政府部门和 42 个不同行业的企业制定宏观经济决策、宏观调控方案和企业的微观经济决策提供参考依据。

（2）动态规划实验室：以完备的现代经济学理论体系为基础，构建严谨的数学模型，并以此为依据构建国民经济动态规划实验室，在模拟各种经济现象或经济问题的情况下，以 SED 模型的国民经济自动调控模型进行智能化的国民经济的动态规划分析，对 42 个行业、多个生产主体，在规划时间内的最优化资源配置进行动态的分析，为政府提供科学的、随外部情况变化而随时调整的最优化国民经济生产计划。

产品特点：动态规划、自动调控、实证分析。

适用领域：在假定外部环境不断变化的情况下，为国家各级政府部门和 42 个不同行业的企业制定宏观经济决策、宏观调控方案和企业的微观经济决策提供参考依据。同时，也适用于大学进行经济学的中级数理经济学的教学。为中央政府、地方政府、全国高校、党校、智库、经济领域研究机构等提供具有全球领先的动态规划的科学技术手段。

（3）动态仿真实验室：以完备的现代经济学理论体系为基础，构建严谨的数学模型，并以计算机技术搭建起 SED 仿真实验室，模拟各种经济现象或经济问题的情况，有效提高教学质量，广大科研人员进行深入、创新研究提供新的计算机数字仿真技术手段。

产品特点：历史仿真、实证分析、经济预测。

适用领域：为政府、行业、企业，教学、科研部门的发展提供基于现代计算机数字仿真技术的智能化科学决策工具。

2. 定制项目

（1）SED 政府决策支持系统

以 SED 社会经济系统模型，采用现代计算机仿真技术和基于天河二号超级计算机的高性能计算技术，结合当地的实际经济情况，建立当地的经济平行控制系统，通过模拟现实社会经济系统的各种经济行为，分析国民经济的现状与发展趋势，从而为政府以及企业进行宏观经济决策提供科学的参考依据，实现以高科技驱动中国经济发展和政府管理的科学发展观。

（2）SED 企业信息港

由供应方通过 SED 模型建立虚拟企业平台，为企业提供日常经营行为的模拟仿真服务。企业入驻该平台并注册自己的账户，通过模拟企业的经营等，模拟产品的定价、市场、原材料等信息，企业从现行状态进行运作分析或未来发展战略的仿真。

（3）SED 信息交易平台

该信息交易平台以"国民经济仿真实验室"为支撑，以具有市场价值的经济信息为商品，从而形成的一种大数据时代的新型商品交易市场。国家高端综合智库的专家团队可以作为信息商品供应方，提供专业的咨询报告；政府、企业和个人投资者可以作为信息商品需求方，通过咨询报告，指导下一步经济行为，提高信息的对称程度，从而增强市场竞争力。此外，实验室的投资方可以通过管理该交易平台的市场和信息拍卖会，对交易收取管理费和佣金获取收益。该交易平台用于实现为"国民经济仿真实验室"的自身造血和创收功能。

（四）启动项目

实验室成立后，当地合作单位以专项经费的形式作为投入的运营成本，委托供应方启动研究至少一个项目：当地的经济仿真平行控制系统。专项经费主要用于项目调研、开展及实施，包括：当地专用的经济仿真平行控制系统的仿真数据库体系的定制、演示系统的定制、国家和当地经济数据的购买与进行数据挖掘加工、项目结题及成果汇编等，在未来全面参与两省（区）经济建设和社会发展等领域为该地区提供总体方向和决策支撑。

## 七　技术体系建设

技术体系建设是实验室建设的核心。实验室的技术体系如下：

## （一）经济仿真大数据体系建设

经济仿真大数据体系包括：仿真数据库体系的设计与建设、仿真数据供应链的建设。

### 1. 仿真数据库体系的设计与建设

仿真大数据库体系包括：国际经济数据库、国家经济数据、省级经济数据库、地市县经济数据库、政府经济数据库、行业经济数据库、企业经济数据库、个人经济数据库。

这些数据库的结构设计与建设是一个长期的过程。在实验室建设之初，首先对数据库的结构进行设计，并将数据库搭建到数据库服务器上，并实现与模型的对接。之后，将我司通过之前项目建设获得的数据填充进数据库，作为实验室的本底数据库。

### 2. 仿真数据供应链建设

仿真数据供应链的建设是经济大数据体系建设的核心，包括：数据的获取环节、数据的处理环节、数据的更新环节，以及与之配套的软件工具、队伍、工作规程。

## （二）仿真模型体系建设

仿真模型体系可以概括为 3 + 1，即：3 个模型 + 1 个模型展现系统。三个模型为：动态规划模型、静态规划模型、动态仿真模型。

### 1. 三个模型的建设

这三个模型主体已经基本成型，还需要不断地维护和更新扩充。在实验室建成后，先将这 3 个模型的最新版本纳入仿真中心的应用体系。之后不断在应用过程中更新、维护、扩充这些模型。

## 2. 模型展现平台

目前的模型展现平台主要为模型调试和基本展现使用，不适合实验室的日常化操作需求，需要为实验室开发全新的模型展示系统。

### （三）经济仿真应用体系的建设

实验室的应用系统建设，以"当地经济仿真平行控制系统"为起点，随着后续业务的展开，不断丰富。

## 八　实验室运营

### （一）总体架构

实验室围绕当地的发展需求和规划目标，致力完成 SED 政府决策支持系统、SED 企业信息港、SED 信息交易所的建设，以及启动建设当地经济仿真平行控制系统等项目。

### （二）队伍建设

队伍建设，由当地与供应方共同参与。

主任由当地具体合作单位指派，负责实验室的全面管理，分管行政、人力、财务、市场等工作。

副主任由供应方指派，负责实验室的日常技术运营、技术团队招募与管理、项目实施等工作。

首席科学家由供应方指派，全面负责仿真中心的科研工作。

人员设置：

市场部：编制 5 人，负责市场宣传、售前支持等工作。

综合管理部：编制5人，主要负责日常的行政、人力、财务管理工作。

理论组：编制5人，主要负责理论研究、撰写项目论文。

模型部：编制3人，主要负责仿真模型的建设与维护工作。

数据处理部：编制3人，主要负责经济仿真数据的收集、分类、筛选、整理、加工工作。

项目部：编制人员若干（依据项目情况增减），负责具体项目的技术实施。

时间进度安排：第一年，建好实验室，招聘模型组3人、数据组3人，做好建设当地的经济仿真并行控制系统的项目；第二年，招聘市场部人员，为实验室申报项目。

随着后续项目的落地，实验室的人员编制再进行适当的扩充。实验室的技术与数据队伍建设，由供应方负责招聘、培训、管理等。

### （三）市场开拓

实验室主要服务于当地的经济建设和社会发展，后续工作中重点在当地政府部门及行业代表企业中进行市场推广，保证实验室每年有2至3个新项目。

### （四）项目实施

项目实施包括数据收集，模型调试以及生成报告。数据组根据项目需求负责完成对项目的数据收集和处理交由模型组进行远程仿真调试模式和数据，最后得出仿真结果由理论组根据需求完成报告。

### （五）日常运作

实验室成立后，主要由当地合作单位牵头申报项目，协调资源，对实验室行政事务、财务情况进行管理。供应方主要负责实验室技术管理。

首先进行的项目是建设当地的经济仿真并行控制系统。合作单位负责向相关部门申请并获得批准建设当地的经济仿真平行控制系统的项目。供应方为实验室完成定制的建设当地的经济仿真平行控制系统项目。

这个项目，将包括国家和当地区域内的国民经济42个行业的政府、企业、居民的经济系统仿真系统。基本功能包括：国家和当地区域的静态规划仿真系统；国家和当地区域的动态规划仿真系统；国家和当地区域的国民经济仿真系统。

项目实施和完成时间：一年。项目验收标准：仿真系统能够正常运行，质量标准符合购买合同规定，实验室聘请的技术人员能够操作产品。

（六）对外合作

实验室成立后，首先进行的项目是建设当地的经济仿真并行控制系统。当地合作单位负责向相关部门申请并获得批准建设当地的经济仿真平行控制系统的项目。供应方为实验室完成定制的建设当地的经济仿真平行控制系统项目。

（七）后续运营

实验室成立后，后续的运营主要围绕着以下几个方面展开：

（1）理论创建与创新

进一步完善和补充经济仿真基础理论，完善经济仿真的基础模型。在国内外期刊与学术会议上，发表相关论文，撰写学术专著。

（2）项目运作与实施

实验室成立后，将陆续开展国家、省、市的科技项目申报工作。同时，争取国内外企业的项目。项目落地后，由实验室提供技术落地，并由供应方提供全程技术支持。

（3）学术合作与交流

实验室成立后，积极与国内外的大学、科研院所（社科院、中科院、超算中心等）等建立合作伙伴关系，一方面树立实验室在学术研究领域的地位，一方面共同合作项目与课题。

实验室在运营过程中，将不断在国内外期刊发表研究成果。同时，积极参与和组织国内外学术交流活动。重点介绍使用国民经济仿真实验室进行国民经济进行定量分析的方法、作用和意义。召开研讨会的目的是与国家智库的专家、研究团队和政府相关部门的专家建立合作关系，使得相关国家智库和政府部门的专家愿意使用国民经济仿真实验室。

## 九　进度安排

实验室的建设分成两个阶段：前期建设阶段（为期1年），日常运营阶段（长期运营）。

## 十　初步设计方案

国民经济仿真实验室（以下简称实验室）是一个以现代各个经济流派的先进经济理论为理论模型，以《财富论》建立的财富价值微分流形体系为数学模型,以虚拟现实的社会经济系统模型(简称 SED 模型)为计算机模型建立起来的,应用于大数据时代下国民经济仿真分析的系统集成项目,包括系统硬件、软件平台、经济数据库等。

用户可远程登录国家超算广州中心的天河二号计算机上的实验室的仿真平台,调用计算机仿真模型,进行国民经济的系统仿真。具有现代多媒体仿真实验室的特色,可以进行国民经济仿真,包括国际全球化经济、国家或地区的国民经济平行控制、经济预警、经济现状分析、经济短期预报、经济决策效应推演、经济理论验证功能,其中国民经济仿真可以逐级细化到省、市、县级经济仿真,包括行业、企业、居民的日常经济运行过程。

建成后,实验室通常可供 100 人以上观看仿真输出结果;可根据专家和领导提出的仿真方案进行仿真,观看仿真结果。

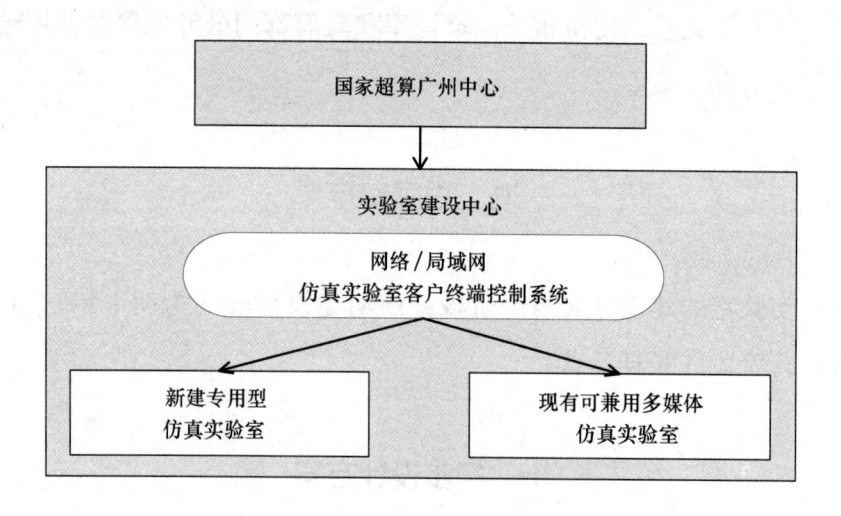

**图 20　国民经济仿真实验室总体设计图**

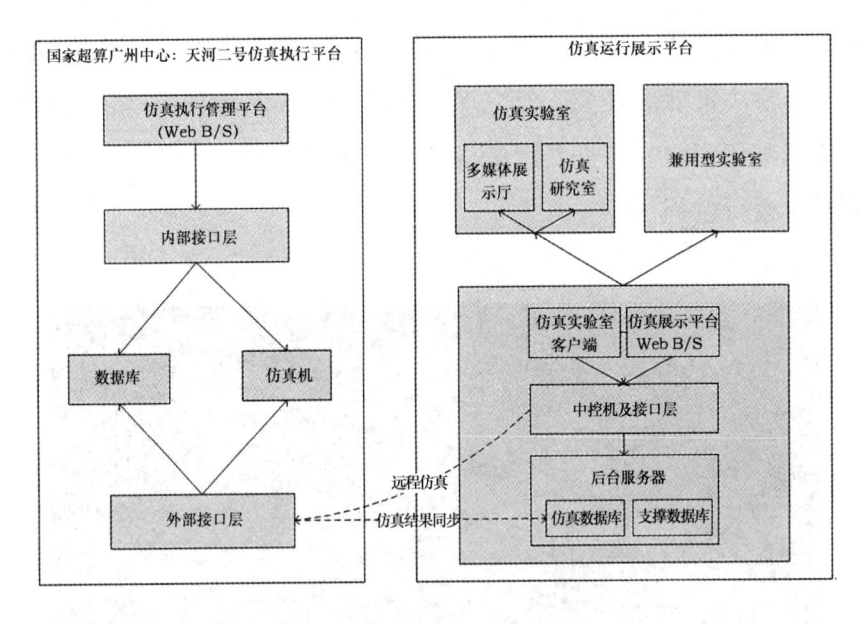

**图21 国民经济仿真系统架构图**

**1. 兼用型实验室**

兼用型实验室是指利用现有的实验室场地和设施，将长程软件的 SED 软件移植到实验室，充分利用现有设施的通用功能，建设一个兼用型的经济仿真实验室。

优点：（1）投入小；（2）建设周期短；（3）具备国民经济仿真的初步功能，能够仿真一个国家及国内某省的经济情况。

不足：相对专用型的实验室，人机对话功能、经济仿真的多媒体功能不能充分实现。

**2. 专用型实验室**

专用型实验室是指提供约 500 平方米的场地，配备必需的硬件设施和基础建设，建成专用型的实验室。该实验室主要由远程仿真网络的客户端，包括中控机和仿真机构成，具有现代多媒体仿真实验室的特色，进行国民经济仿真，包括国际全球化经济、国家或地区的国民经济平行控制、经济预警、经济现状分析、经济短期预报、经济决策效应推演、经济理论验证功能,其中国民经济仿真可以逐步细化到省、市、县级经济仿真,包括行业、企业、居民的日常经济运行过程。

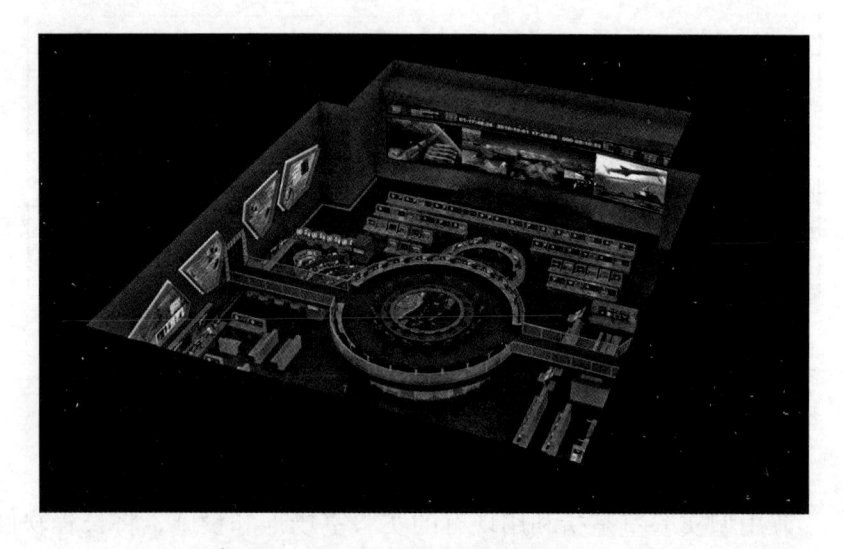

**图22 高级专用型仿真实验室设计图**

优点:

(1)充分利用国家超级计算广州中心的天河二号超级计算机的计算资源,使得实验室可以进行大规模的经济并行仿真计算,发挥实验室强大的经济仿真功能,并使得实验室的计算机仿真技术具有世界一流的水平。

(2)实验室的经济仿真实际应用与参观示范相结合,一举两得,既能够对当地经济状况进行仿真分析,为领导和相关部门的经济决策提供支持,同时也可以满足各级领导现场指导和参观的需要。

**参考文献**

M. Holcombe 等:《经济系统的大规模建模》,《复杂系统》2013 年第 22 期。

K. Judd, " Computational Economics and Economic Theory: Substitutes or Complements", *Journal of Economic Dynamics and Control*, Vol. 21, 1997, pp. 907 – 942.

吴杰、邝小明:《论古典经济学与物理学的关系及动态系统仿真(Ⅰ-Ⅲ)》,《计算机仿真》2012 年第 1—3 期。

吴杰、覃永安:《基于马克思主义经济学的商品交换模型》,《数量经济学》2006 年第 7 期。

[英] 亚当·斯密:《国民财富的性质和原因的研究》(下),郭大力、王亚南译,商务印书馆 1983 年版。

[英] 亚当·斯密:《国民财富的性质和原因的研究》(上),郭大力、王亚南译,商务印书馆 1979 年版。

吴杰:《财富论》(第二卷),北京大学出版社 2012 年版。

吴杰:《财富论》(第一卷),清华大学出版社 2005 年版。

马克思:《资本论》(第一、二、三卷),人民出版社 1975 年版。